東海道新幹線で行く
史跡めぐりの旅

石原良純
Responsible Editor:Yoshizumi Ishihara
責任編集

歴史の現場に立ち、主人公の視点で風景を眺める

東海道とその周辺の城、古戦場跡、武将ゆかりの神社仏閣などを巡った『週刊ポスト』の連載が1冊の本にまとまりました。6年間の軌跡を改めて眺めると、取材時の記憶が甦ります。

僕が歴史、戦国時代や武将に興味を持ったきっかけは、小学6年生のときに放映されたNHK大河ドラマ『国盗り物語』（昭和48年＝1973年）です。物語の前半の主人公は斎藤道三。後半の主人公は織田信長。時代の流れを変えた二人の生き様から目が離せませんでした。だから僕は、未だに高橋英樹さんが織田信長に見えてしまう。

同じ年、修学旅行で会津若松に行きました。新政府軍と戦う会津藩の敗色が濃厚になり、城が黒煙に包まれた。それを見た飯盛山の白虎隊の若者は、生き恥をさらすことより自刃を選んだそうです。僕はその話を聞いたとき、城は単なる軍事施設ではない。その国に暮らす人々にとって父であり、母でもあり、故郷そのものなのだと感じました。以来、お城好き、歴史好きになった僕は、テレビ番組を観たり歴史小説を読んだり、時には歴史の現場に足を運ぶようになりました。

見知らぬ街へ出掛けたら、まず城へ登る。城がなければ大きな神社やお寺を訪ねる。そこから辺りの景色に目を凝らせば、その土地の暮らしが浮かんできます。僕の場合はそこにジョギングが合体しています。街に走りに出てガイドブックには載っていない、その街のベストショットの風景を見つけるのがなによりの楽しみです。

城に登った僕は、城主の気持ちになって城下街を見下ろします。竈から煙が立ち昇っているのを見ると、民は安寧に暮らしていると領主の僕は安堵する。領地の向こうの肥沃な大地を眺めれば、いつかは我が物にしてやると野望をたぎらせます。信長は岐阜城の天守閣から濃尾平野を一望しても満足することなく、伊吹山の向こうの都に想いを馳せていたに違いない。今川氏に人質として捕らわれていた徳川家康は、駿府の浅間神社で若かりし日々を過ごしました。社から日本一の山を眺め、心を落ち着かせ未来への希望を抱いた。秀吉に領地替えを命じられ、東へ下った家康は再び自身の護り神である富士山を眺め、秘かに天下統一を確信したのでしょう。

城から眺めた景色を、頭の中で古地図に落とし込むのも面白い作業です。城下街が広がり、街道が走り、川が流れ、急峻な山が聳《そび》える。敵はどこから攻めてくるのだろうか、どこを手厚く守ればいいのか。なるほど、城郭が深い計算の上に築かれていることに気付きます。

江戸時代の城の多くは明治維新とともに廃城となりました。それ以前の中世の城は、自然の中に埋もれてしまったものが殆どです。古戦場跡には、すっかり都市に呑み込まれてしまった場所もある。そんな時、役立つのが歴史への深い造詣です。取材に訪れたその土地土地で、現地の学芸員の方や研究者の方々に解説して頂きました。話を伺いながらその地を見て周ると、今まで見えなかったものが見えてきます。城にはそれぞれ、そこに造られたワケがある。神社仏閣にはその地に祀られた理由がある。そんな背景をちょっと知ってから現地を訪れれば、より楽しい旅となるはずです。

三英傑の信長、秀吉、家康が活躍し、ダイナミックに動く歴史の舞台となった東海道とその周辺には見所がたくさんあります。

東海道新幹線に乗るだけで、小田原城、駿府、浜松城、三方ヶ原、桶狭間、名古屋城、清洲城、岐阜城、関ヶ原、彦根城、安土城跡、京都、大阪城などなど、歴史の一大パノラマが車窓に広がります。そして、どこかの駅にぶらりと降り立ち、歴史の断片を巡ってみようと思ったならば、この本をお供にしてはいかがでしょうか。

三英傑が活躍し
歴史がダイナミックに
動いた東海道は
見どころがたくさんある

第1章 東海道の名城

第2章 武将巡歴

●各施設の地図の下に記載された駅名は、施設に最も近い「東海道新幹線」の駅名です。施設への行き方は、【アクセス】欄を参考にしてください。
●営業時間はイベントなどにより変更することもあります。諸事情により掲載している日以外に休業することもあります。
●閉館30分～1時間前に入館締め切りとなる施設が多いので、お出かけ前にご確認ください。
●写真は撮影時のものです。修復工事等で変わることがあります。
●本書の初出は週刊ポスト2017年6月9日号～2023年6月9・16日合併号で連載した記事です。単行本化にあたり、加筆・修正を行ないました。
●本書の情報は2023年9月現在のものです。入場料などの価格は税込み表示です。
本書の発行後、予告なく変更される場合があります。

第1章 東海道の名城

- 東京
- 品川
- 新横浜
- 小田原……小田原城
- 熱海
- 三島
- 新富士
- 静岡
- 掛川……掛川城
- 浜松……浜松城
- 豊橋……高根城、岡崎城
- 三河安城
- 名古屋……岩村城、犬山城、名古屋城、清須城
- 岐阜羽島……岐阜城、郡上八幡城、大垣城
- 米原……彦根城、安土城
- 京都……伊賀上野城、二条城、福知山城
- 新大阪……高取城、大坂城、和歌山城

小《お》田《だ》原《わら》城《じょう》

「日本の中世」が終わりを告げた場所

総構の一部、城下張出。侵攻してきた敵を側面から攻撃するための場所だ

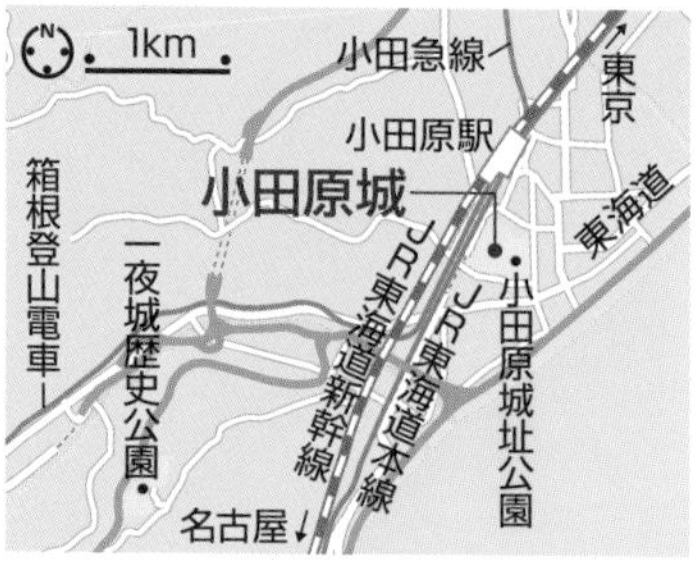

◀JR小田原駅

【住所】神奈川県小田原市城内
【電話】0465-22-3818
【アクセス】JR小田原駅から徒歩約10分
【入場料】天守閣 大人510円、小中学生200円
【営業時間】9時～17時（入館は16時30分まで）
【休業日】12月第2水曜日、12月31日

石垣山一夜城に造られた井戸の跡。大きさ、深さに目を見張る（特別に許可を得て撮影）

「湘南生まれの人間として、秀吉何するものぞ、という思いもあるのですが」

小田原城天守閣から周囲を見晴らしながら、「小田原合戦」に思いを馳せた石原良純さんはそう言って笑った。

15世紀末、室町幕府に仕えた伊勢宗瑞（北条早雲）が小田原に進出し、以後、北条氏が5代約100年にわたって関東で勢力を拡大した（鎌倉幕府の執権を務めた北条氏と区別するため「後北条氏」とも呼ばれる）。その拠点が小田原城で、上杉謙信、武田信玄の攻めも退け、難攻不落の城と呼ばれた。

北条氏は、四国、九州を含む西国を統一した豊臣秀吉に臣従しなかったため、天正17年（1589年）、討伐を布告された。

北条側はその日を想定し、城下町全体を包む総延長9キロの総構（城の外郭）を巡らせ、5万6000人とも言われる兵を小田原城や周辺の城に配置した。

「総構はどこも、石垣ではなく地面を削った堀や、土を積み上げた土塁で造られたそうですね。関東ローム層は硬いので崩れにくく、水分を含むと滑って登りにくい。守る側にとってそうした利点があったのでしょう」

だが、天正18年（1590年）春に進軍を始めた豊臣軍は、総勢21万とも22万とも推定される大軍だった。豊臣側は小田原城の周辺の城を次々と落城、開城させ、小田原城を包囲して降伏を勧告する。北条側は小田原城内で対応を協議したが、なかなか結論が出ない。ちなみに、この故事がもとで、時間ばかりかかって結論の出ない会議を「小田原評定」と言うようになった。

その間に豊臣側が近隣の山に

総構の一部、小峯御鐘ノ台大堀切東堀（こみねおかねのだいおおほりきりひがしぼり）。幅20～30メートル、深さ約12メートル、勾配50～60度

2017年10月撮影

現在の天守閣は江戸期の図面や模型などを元に昭和35年（1960年）に復興、平成28年（2016年）にリニューアルオープン

築いたのが「石垣山一夜城」だ。完成までに80日ほどかかったが、小田原城からわからないよう造築を進め、完成時に一気に周囲の樹木を伐採して姿を現したため、この名前がついた。

この一件で大きな精神的打撃を受けたこともあり、北条側は降伏を申し出て、4代氏政は切腹、5代氏直は高野山への追放に処せられる。ここに秀吉の天下統一が達成された。

今も総構の一部がはっきり残っており、そこを歩けば北条側の思いを感じ、石垣山一夜城跡に登って小田原城を見下ろせば秀吉の野望を想像できる。

「関八州（関東地方）だけ治めればいいと考えていた北条に対し、秀吉は天下統一とその先の国作りまで考えていました。見ている世界が違ったのでしょう」

小田原は平安末期に源頼朝が最初に平氏と戦った「石橋山の戦い」の場所でもある。

「ここで日本の中世が始まり、中世が終わったのですね」

城好き、歴史好きの好奇心を刺激してやまない場所である。

掛川城《かけがわじょう》

中世と近世両方の息吹を感じられる城

2019年4月撮影

家康に攻められたとき、霧が湧いて
城を守ったという伝説が残る「霧吹き井戸」

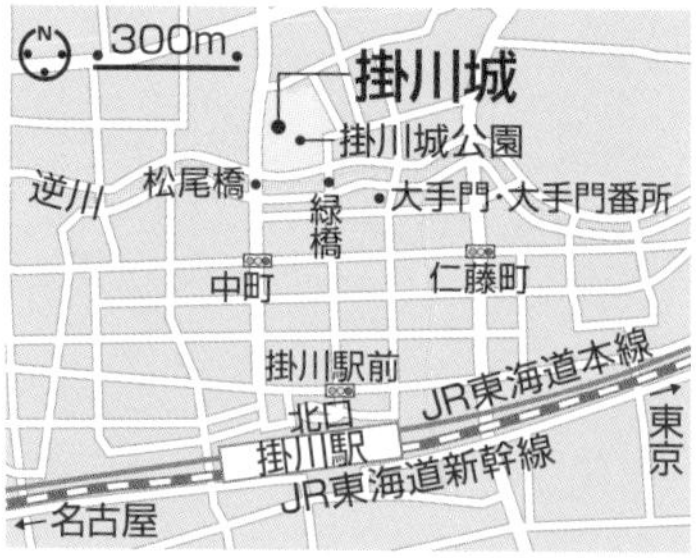

JR掛川駅

【住所】静岡県掛川市掛川1138番地の24
【電話】0537-22-1146
【アクセス】JR掛川駅から徒歩約10分
【入場料】大人410円、小・中学生150円
【営業時間】9時～17時（入城は16時30分まで）
【休業日】年中無休

外観三層、内部四階の天守閣。白漆喰総塗籠の壁は京都聚楽第に倣ったとされる

「僕のように東海道新幹線をよく利用する者にとって、掛川城はとても馴染み深い城です」と、石原さん。

掛川駅から城までわずか650メートルと近く、独立した丘陵に建つ掛川城は車窓からもよく見える。夜は天守閣がライトアップされ、その幻想的な姿が新幹線の乗客の目を楽しませてくれる。

戦国の世が始まって間もない頃、駿河の今川氏が遠江《とおとうみ》支配の拠点として重臣に築城させたのが城の始まり。

「東海道を見下ろす要衝の地に建つ城だけに、武将たちの争奪の的となり、歴史の渦に巻き込まれたのは当然でしょう」

永禄3年（1560年）、桶狭間の戦いで今川義元が織田信長に討たれ、今川氏の力が衰えると、永禄11年（1568年）、義元の子・氏真《うじざね》が甲斐の武田氏に追われて掛川城に立て籠もり、翌年にかけて徳川家康がそれを攻め、開城させた。攻防は長期に及び、城内の井戸から立ちこめた霧が城を覆い、家康軍の攻撃から守ったという伝説が残る。

その後、天正18年（1590年）に豊臣秀吉が全国を平定し、家康を関東に移すと、秀吉配下の山内一豊が城に入った。司馬遼太郎の『功名が辻』、それを原作とする2006年のNHK大河ドラマで知られる武将である。一豊は天守閣を建造し、城を拡張、城下を整備したが、秀吉が亡くなると家康に従い、関ヶ原の戦いの後は土佐に移った。江戸時代を通じて掛川城は譜代大名の居城となった。

嘉永7年（1854年）、安政東海地震によって天守閣など建造物の大半が倒れ、再建されることなく明治維新を迎え、明治2年（1869年）に廃城処分になった。本格的な木造で天守閣が再建されたのは平成6年（1994年）だ。一豊は掛川城をモデルに高知城を造ったとされるため、その天守閣が現存する高知城を参考に復元された。内部まで復元された例は少ない。

「当時の姿を再現したとされる白漆喰総塗籠《そうぬりごめ》の天守閣は凛として品があり、かつて〝東海の名城〟と謳われたというのもよくわかります」

一方、安政の地震後に再建されたのが、二の丸御殿（重要文化財）。全国の城の中で今も御

※嘉永7年＝安政元年だが、安政への改元は地震の後

一豊が土佐へ転封した後は家康の異父弟の松平定勝らが城主を務め、最終的に江戸城を築いた太田道灌の子孫太田氏の居城となった

殿が残るのは掛川城、二条城、高知城、川越城しかない。

「二の丸御殿の対面、執務などそれぞれ役割のある20もの部屋を巡ると、近世に入ってからの武士の息吹、気配を感じます」


石原さんの表情も自然と引き締まる。

「戦国と近世の両方に思いを馳せることのできる城です」

ランドマークとして車窓から眺めるだけではもったいない。

二の丸御殿の「御書院上の間（大書院）」。藩主との対面などが行なわれた主室

浜松城《はままつじょう》

家康の「人生最大の敗北」が刻まれた城

浜松市民の思いを反映し、昭和33年
復興の天守には徳川家の葵紋が刻まれた

◀JR浜松駅

【住所】浜松市中区元城町100-2
【電話】053-453-3872
【アクセス】JR浜松駅から遠鉄バスに乗り「市役所南」下車、徒歩約6分
【入場料】天守閣・天守門 大人200円、中学生以下無料
【時間】8時30分～16時30分
【休業日】12月29日～31日

三方原から敗走した家康が隠れた伝説が残る
浜松八幡宮のご神木の楠

「2万5000もの武田信玄の軍が三方原台地を進んでゆく。家康が放った偵察隊には大軍の姿が見え、進軍の音も聞こえてきたはずです。もしかしたらそれは風に乗って城まで届いていたかもしれません。城にいた家康はさぞ怖かったと思いますよ」（兵の数については諸説あり）

城の北に広がる台地を遠望し、石原さんは、徳川家康にとって「人生最大の敗北」と言われる三方ヶ原の戦いに思いを馳せた。

今川氏真を破って遠江を支配下に入れた家康は、元亀元年（1570年）、それまでの居城である三河の岡崎城から遠江にある引間城の敷地を拡大、建物を整備して浜松城と名を改め、そこを新たな居城とした。城は遠州一帯を眺望できる三方原台地の東南端に位置する。

家康は、古くからの引間宿を取り込んで新たに城下町を整備し、城の周囲に家臣団を配し、自然の地形を生かしていくつかの出丸（城から張り出した曲輪《くるわ》で、前線の防御壁となる）を築かせた。そのようにして軍事拠点化し、当時、強大な力を誇っていた武田との戦いに備えた。

だが、戦いは苦戦を強いられた。特に元亀3年（1572年）の三方ヶ原の戦いは有名だ。家康と同盟を結んでいた織田信長に軍事的圧力を加えるために侵攻中の信玄軍が、三方原台地を通過しようとした。1万余りの家康軍（信長からの援軍3000を含む）はそれを背後から襲おうとしたが、待ち構えられていて大敗。家康も命からがら城に戻った。「空城の計」（あえて自陣に敵を入れる素振りを見せ、敵の警戒心を煽る戦術）によってかろうじて城への侵入は防いだが、人生最大の敗北だった。

「台地のあそこで戦い、こういう経路で城に逃げ帰ってきたのだろう——実際に浜松城に来て周囲の地形がわかると、歴史小説を読んで想像していた光景が目の前に浮かびます。歴史と地理が大好きな僕のような人間には非常に面白い城です」

家康は浜松城で17年近く過ごし、天正14年（1586年）に駿府城へと居を移す。その間、信長との連合で武田軍を大敗させ

2017年7月撮影

歴代城主には江戸幕府の要職に就く者が多く、後に「出世城」と呼ばれた

た長篠の戦い、本能寺の変、信長の子・信雄《のぶかつ》と連合して豊臣秀吉と戦った小牧・長久手の戦いなど、重要な戦《いくさ》や事件がいくつもあった。

「２６５年にも及ぶ徳川幕府を開いた家康ですが、そこに至るまでの道のりは相当に長かった。特に浜松城時代は苦難の時代だったのではないでしょうか」

家康が天下取りを意識したのは、秀吉が慶長３年（１５９８年）に亡くなってからだと言われる。そこに向け、苦難の連続の中で力をつけたのが浜松城時代だった。

浜松城公園の南、中央図書館付近に残る出丸跡

高根城《たかねじょう》

要衝の地の小土豪が生き残りをかけた城

上空から見た高根城の全貌。
一番右の建物のある場所が本曲輪。右が北

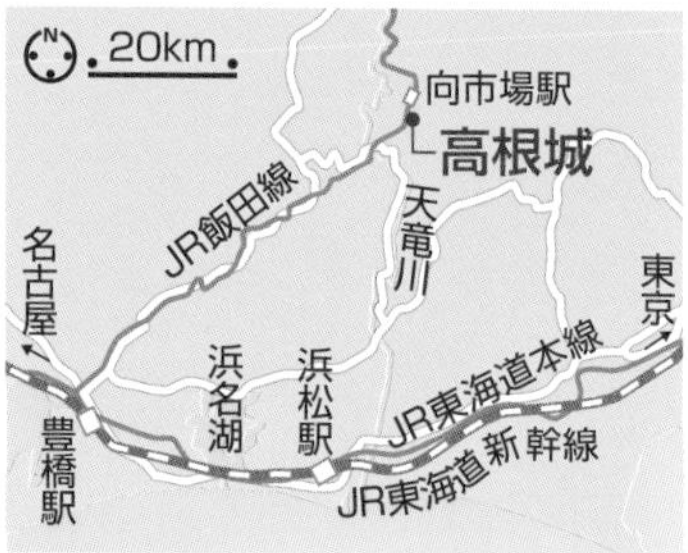

◀JR豊橋駅

【住所】静岡県浜松市天竜区水窪町地頭方
【電話】053-982-0013（水窪文化会館）
【アクセス】JR飯田線「向市場」駅下車、徒歩約20分
【入場料】無料
【営業時間】24時間
【休業日】無休

本曲輪の城門と、中に立つ高さ8メートルの井楼櫓と倉庫。櫓の中には梯子が掛けられている

「まさに国境の地、要衝の地ですね」

眼下を見晴らし、遠江と信濃を結ぶ主要街道（現在の国道152号線）を見つけた石原さんがそう呟いた。

2017年のNHK大河ドラマ『おんな城主　直虎』で井伊氏の居城として撮影に使われ、人気が出た高根城。信濃との境に近い遠江最北端の山深い地にあり、標高420メートルの山の頂に建つ山城である。麓近くで2つの川が合流し、自然の堀の役割を果たしている。

南北朝時代、後醍醐天皇の孫である尹良《ゆきよし》親王を守るため、この地の豪族・奥山氏が応永21年（1414年）に砦を築いたのが城の始まりだ。戦国の世になると、要衝の地ゆえに今川、武田、徳川らが勢力争いを繰り広げ、奥山氏が武田の支配下にあった天正4年（1576年）、徳川の侵攻に備えるために武田勝頼によって城が大改修された。

発掘調査に基づき、平成15年（2003年）に武田時代の城――3つの曲輪《くるわ》（※）、それらを結ぶ道、城の中心である本曲輪の門、櫓《やぐら》、倉庫などが復元された。中世の山城ゆえ近世城郭のような天守閣はなく、本曲輪でも南北35メートル、東西20メートル程度とコンパクトだ。

「しかし、歩いてみると、よくできた山城であることがわかります」

もともと山の斜面が急峻であることに加え、自然の地形を生かし、本曲輪と二の曲輪、二の曲輪と三の曲輪の間に堀切が、さらに三の曲輪の外側に土塁を挟んで堀が2つ続く「二重堀切」が造られている。城内の道は複雑に曲がり、本曲輪に到達

三の曲輪の外側に掘られた二重堀切。幅は約30メートル、堀の深さは8～9メートル

2018年3月撮影

本曲輪から二の曲輪に至る城内道。本曲輪の塀に開けられた縦長の穴は矢や鉄砲を放つための狭間

するまでに何度も向きを変えなければならず、本曲輪の塀には狭間《さま》(矢や鉄砲用の穴)が開けられている。実に堅牢なのだ。

ちなみに、高根城は城内道の全容が解明している日本で唯一の城である。山深い地にあることが幸いし、運良く城の遺構が残っていた。

「ここは風光明媚で、緑豊かな季節には大変のどかな光景に見えます。しかし、当時は今のように木々は豊かではなく、もっと岩肌露わで、険しい雰囲気だったに違いありません」

天正10年(1582年)、織田・徳川連合によって武田が滅ぼされると、高根城は事実上廃城となった。奥山氏は徳川の配下に入り、後には大坂の陣にも参加する。

「まさにここには『おんな城主直虎』で見た井伊谷《いいのや》と同じ世界がありますね。戦国の世に要衝の地の小さな土豪が生き残っていくための苦労に、自然と思いを馳せたくなります」

動乱の時代が目に浮かんでくる。

※城内で、機能や役割に応じて区画された区域

岡崎城《おかざきじょう》

日本一長い石垣を持つ「神君出生の城」

天守台の石垣。横長の石が多く、外に膨らんでいるのが特徴。関ヶ原以前に積まれた

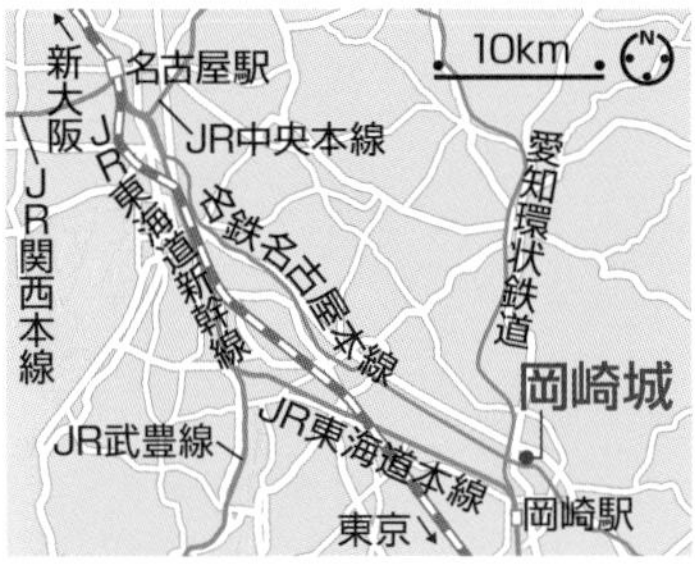

◀JR豊橋駅

【住所】愛知県岡崎市康生町561-1【電話】0564-22-2122
【アクセス】JR東海道本線「岡崎駅」より
バス「康生町方面行き」乗車後、「康生町」下車。徒歩約5分
【入場料】大人(中学生以上)300円、小人(5歳以上)150円
【営業時間】9時～17時(入館は16時30分まで)
【休業日】年末(12月29日～12月31日)
※大河ドラマ館開館中は無休

「若き家康がこの城に戻ってきたとき、万感胸に迫るものがあったのではないでしょうか」

城内を歩きながら家康の心中を想像し、石原さんがそう話した。

15世紀半ば、三河国の守護代の末裔・西郷頼嗣が砦を築いたのが岡崎城の始まりだ。その後、松平総領家の清康が城主となり、本格的な城を構えた。天文11年(1542年)、その孫として生まれたのがのちの徳川家康である。だが、三河が今川の属国になると、幼少の家康は今川の城下町・駿府に人質として送られた。城に戻れたのは、永禄3年(1560年)、桶狭間の戦いで織田信長に敗れた今川義元が亡くなり、城から今川の武将が撤退したときである。

「家康はそこから三河の平定に乗り出し、天下人への第一歩を踏み出しました。岡崎城が日本史の中で大きな役割を果たした時期ですね」

その後、家康は浜松城、駿府城と居城を移し、さらに秀吉によって関東へ移封(国替え)させられると、天正18年(1590年)、岡崎城には秀吉臣下の田中吉政が城主として入った。

その時代、岡崎城は城郭を大きく拡げた。城下町が建設されて東海道が城下に引き入れられ、城下町の外周にのちに「田中堀」と呼ばれる堀が張り巡らされ、近世城郭の原型が作られたのである。三層三階の天守が築かれたのもその時代だ。関ヶ原の戦い以降は譜代大名が城主となり、「神君出生の城」の整備を続けた。

天守の心柱(中心の柱)の礎石と伝えられる石。天守閣の地階に展示されている

本丸北側の空堀「清海堀」の一部。
自然の地形を生かしているので湾曲し、深さ8メートル以上

2018年7月撮影

明治6年から7年にかけて取り壊しとなったが、昭和34年に天守閣が復興された

その結果、往時には東西約1・5キロ、南北約1キロもの規模に拡大した。実はこれは、江戸城、小田原城、大坂城に次ぎ、屈指の大きさだと言われている。天守と城の外周の間には、多いところでは六重、少ないところでも四重に堀が張り巡らされ、大手門から天守閣に至る道は何回も折れ曲がっていた。

「岡崎城がこれほど大きく、複雑な構造を持っていたことを知り、とても驚きました。近世城郭としての完成度の高さを感じる一方、自然の地形を生かした湾曲した空堀（水のない堀）なども残り、中世の城らしさも感じさせてくれます」

積み方の異なる各時代の石垣が豊富に残っているのも魅力だ。直線で400メートルも続く日本一長い石垣もある。

「家康が生まれた城とはいえ、やや地味なイメージのある岡崎城ですが、実際に歩いてみると中身が濃く、発見の連続で、非常に面白いですね」

全国の城を訪れている石原さんも満足げだった。

岩村城《いわむらじょう》

女城主の悲劇の伝説が残る日本三大山城

北側上空から見た本丸の全景。
中央手前の段差のある石垣が「六段壁」

◀JR名古屋駅

【住所】岐阜県恵那市岩村町城山
【アクセス】JR中央本線「恵那」から明知鉄道に乗り「岩村」下車。麓の岩村歴史資料館まで徒歩約20分。頂上まではさらに約20分
【入場料】無料
【時間】いつでも
【休業日】なし
【電話】0573-43-3231（岩村町観光協会）

備中松山城（岡山県）、高取城（奈良県）とともに「日本三大山城」に数えられる岩村城。城下の登城口から距離８００㍍、標高差約１８０㍍の急峻な山道を登り、標高７１７㍍の山頂にある本丸跡に辿り着く。

額の汗を拭きながら石原さんが言った。

「ちょっとした登山ですね。この城を攻め落とすのは大変だったでしょう」

鎌倉初期から源頼朝の重臣の家系である遠山家が恵那一帯（岐阜県南東部）を統治し、その中心の地に拠点を築いたのが岩村城の始まりとされる。美濃、信濃、三河の国境にあるため、戦国の世に武田と織田が勢力争いを繰り広げた。

それに翻弄されたのが信長の叔母「おつやの方」だ。16世紀半ば（正確な時期は不明）、「おつやの方」は遠山の嫡男・景任《かげとう》の妻となった。まだ尾張一国も支配できていない織田が周囲との関係を安定させるために取った政策のひとつである。だがその後、武田が信濃全域を支配すると、遠山も武田に従った。その状態が激動したのが元亀３年（１５７２年）。当主・景任の病死を機に織田信長が自らの四男を跡継ぎの養子として岩村城に送り込み、幼いその子に代わって「おつやの方」が女城主となった。これに対して武田信玄がすぐに反撃し、重臣・秋山虎繁に城を奪還させた。そのときの開城の条件が「おつやの方」と虎繁との婚姻だったという説がある。「おつやの方は信長を裏切る形

岩村城下の妙法寺境内に地元の人が建てた「おつやの方」の供養塚「まくら塚」

「おつやの方」も使ったとされる城主専用の霊泉「霧ヶ井」

2018年7月撮影

「東洋のマチュピチュ」と呼ばれることもある本丸周辺の石垣にて

で武田側についたので信長は怒ったでしょうね」

悲劇の結末が訪れるのは天正3年(1575年)。信玄の跡を継いだ勝頼を長篠合戦で破った信長は、嫡男・信忠に岩村城を落とさせ、虎繁や「おつやの方」らを磔の刑に処してしまう。

その後、城主は変遷し、明治6年(1873年)の廃城令によって建物はすべて解体され、今は石垣のみが残る。その多くは近世のものだが、縁辺には戦国時代の曲輪や堀切も残る。

「山上の斜面各所に築かれた石垣は見応えがあります。なかでも本丸北東面の、高さ15㍍ほどの六段の石垣は必見です。山城に不可欠の井戸が17もあるのも興味深いです」

井戸のひとつ「霧ヶ井」には、敵が攻めてきたとき秘蔵の蛇骨を投げ込むと、たちまち山城全体を覆う霧が湧き立ち、城を守った、という伝説がある。

二の丸に至る道。左奥に遠山氏が崇敬した八幡宮跡、右奥に「霧ヶ井」がある

「荒々しい山中に廃墟のように石垣が残っている光景に身を置くと、戦が繰り返された中世の佇まいを感じますね。天守閣のある美しい近世の城郭とは違う魅力、面白さがあります」

歴史が動く現場だったことを実感できる城跡である。

犬山城《いぬやまじょう》

三英傑がいずれも入城した希有な国宝天守

指さす先に岐阜城がある

地下部分は「穴蔵」と呼ばれる。
写真は地下一階。天守を支える梁は太い

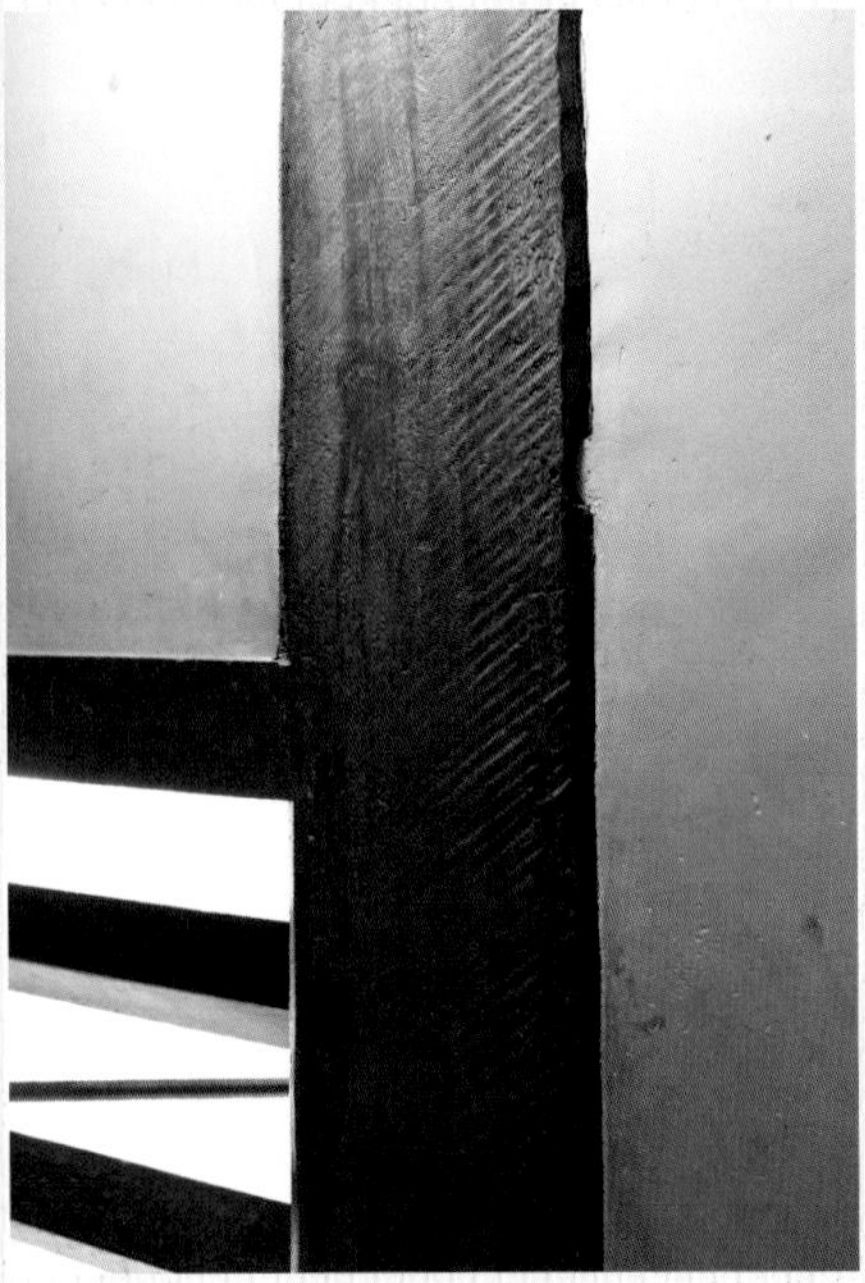
一、二階の柱には、長い鋸を両側から引く
古い技法を用いた跡が残る

◀JR名古屋駅

【住所】愛知県犬山市犬山北古券65-2
【電話】0568-61-1711（犬山城管理事務所）
【アクセス】名鉄「犬山遊園駅」から徒歩約15分
【入場料】大人550円、小・中学生110円
【営業時間】9時～17時（入場は16時30分まで）
【休業日】12月29日～31日

「こうして天守に登ると、犬山城の持つ重要性がよくわかりますね」（犬山城では「天守」に表記を統一）

最上階である望楼の廻縁《まわりえん》から周囲を見晴らし、石原さんが頷いた。

美濃と尾張を隔てる木曽川。その尾張側の川沿い、標高85㍍の山の上に犬山城は建つ。扇状に広がる濃尾平野の扇頂部にあたり、晴れた日には小牧山城、岐阜城、名古屋城まで望み、木曽街道、中山道にも通じる。

「まさに要衝の地で、人、物、情報が行き交ったことを実感します。戦国武将にとっては、ここを押さえれば天下が近づくという感覚だったのでしょう」

犬山城は天文6年（1537年）、織田信長の叔父・織田信康が築城した。永禄8年（1565年）、信康の子・信清が信長に反抗したために攻められ、信長の家臣が入城する。天正10年（1582年）、本能寺の変で信長が斃《たお》れた後は信長の次男・織田信雄領となるが、天正12年（1584年）、羽柴秀吉の家臣が城を攻め落とし、秀吉と徳川家康・織田信雄連合による小牧・長久手の戦いが始まった。そして、慶長5年（1600年）の関ヶ原の戦い以後は徳川方が支配する――。

めまぐるしく城主が代わるなか、三英傑がいずれも別々の時代に城を攻め落とした例は珍しい。

「それだけ激しい攻防の対象となりながら残ったのは、攻める側にも守る側にも、この価値ある城は残すべきだという思いがどこかにあったからだと思いたくなります」

おかげで犬山城の天守は現存天守12のうちのひとつ、国宝天守5つのうちのひとつとなった。

犬山城の天守が現在の姿になったのは16世紀末から17世紀

2019年4月撮影

唐の詩人李白の詩「早発白帝城」にちなみ、江戸時代の儒学者荻生徂徠によって「白帝城」と名付けられた

野面積みの石垣は高さ約5メートル。石垣南面から入ると地下二階

一階から二階への階段は53度の急傾斜だ

初めとされる。入母屋造り二階建ての屋根の上に望楼を乗せた望楼型で、天守のなかでもっとも古い形式だ。地上三層四階に加え、石垣で覆われた部分の内部に地下一、二階に相当する空間がある。石垣の積み方は、自然の石をそのまま積み上げた野面積みという古い技法だ。建物の一階部分は四角形ではなく台形になっている。これは土地の形に合わせて築城したためで、城に限らず寺社でも古い建造物に見られる特徴だという。

元和3年（1617年）以降、尾張徳川家の重臣・成瀬家が城主を務め、明治の一時期を除いて平成16年（2004年）まで成瀬家の個人所有が続いた。その後、公益財団法人の所有となって本格的な調査が始まり、今も続いている。

「今も犬山城が現存天守の中でもっとも古い証をいくつも見ることができますが、今後新たな発見があれば城の価値はさらに高まるでしょう」

城好きの好奇心はますます刺激されそうだ。

名《な》古《ご》屋《や》城《じょう》

家康が対豊臣最終決戦に備えた城

写真の西南隅櫓を始め、東南隅櫓、西北隅櫓などが重要文化財に指定

◀JR名古屋駅

【住所】愛知県名古屋市中区本丸1-1
【電話】052-231-1700
【アクセス】地下鉄市役所駅7番出口より徒歩5分
【入場料】大人500円、中学生以下無料
【営業時間】9時～16時30分（天守閣・本丸御殿への入場は16時まで）
【休業日】12月29日～31日、1月1日

天守閣の屋根に乗った金シャチは名古屋城の象徴。雄と雌があり、写真は雄

関ヶ原の戦いに勝利し、江戸幕府を開いた徳川家康は、慶長14年（1609年）に名古屋城の築城を発令し、3年後には天守閣などが完成した。

「それが大坂の陣の前だったことに大きな歴史的意味があるのでしょうね」

と、石原さんは話す。

大坂城を拠点に強大な軍事力を保っていた豊臣秀頼（亡き秀吉の三男で後継者）を中心とする豊臣方との武力衝突に備え、家康は大坂城を包囲するように多くの城を築城したり、拡張したりした。その仕上げが名古屋城だった。

城は豊臣方に攻められたときの最終防衛線の役割も担い、軍事要塞として厳重な造りをしている。本丸に入るには外側の三の丸、二の丸などから限られた門を通り、天守閣に到達するには、まずそれと連結された小天守を通らなければならない。その間、何度も道を曲がる必要があり、敵が一気に天守閣に迫れないようになっている。天守閣も小天守も石落としの窓や、鉄砲を撃つための隠し狭間や、鉄の扉を持つ門を備え、両者を結ぶ「橋台」には槍の穂先を並べた「剣塀」が設えられている。敵を押し返すための様々な仕掛けがあるのだ。

「豊臣方との高まる緊張関係が窺えて実に興味深いです」

城内の膨大な石垣を造る「助役大名」には、秀吉の子飼いで、関ヶ原で徳川方について戦い、その論功で石高を加増されて西国各地の国主となった大名らが指名された。

「徳川に対する忠誠心を競わせ、なおかつ徳川に反抗できないよう疲弊させたのでしょう。家康のしたたかさ、老獪さを感じま

石垣の各所に「助役大名」が刻んだ「刻印」（模様、名前など）がある

2017年8月撮影

天守閣は五層五階地下一階付の「層塔型」。延べ床面積では江戸城、大坂城を上回って日本一

西北から見た天守閣。天守台を含めた高さは55.6メートル。周りは空堀

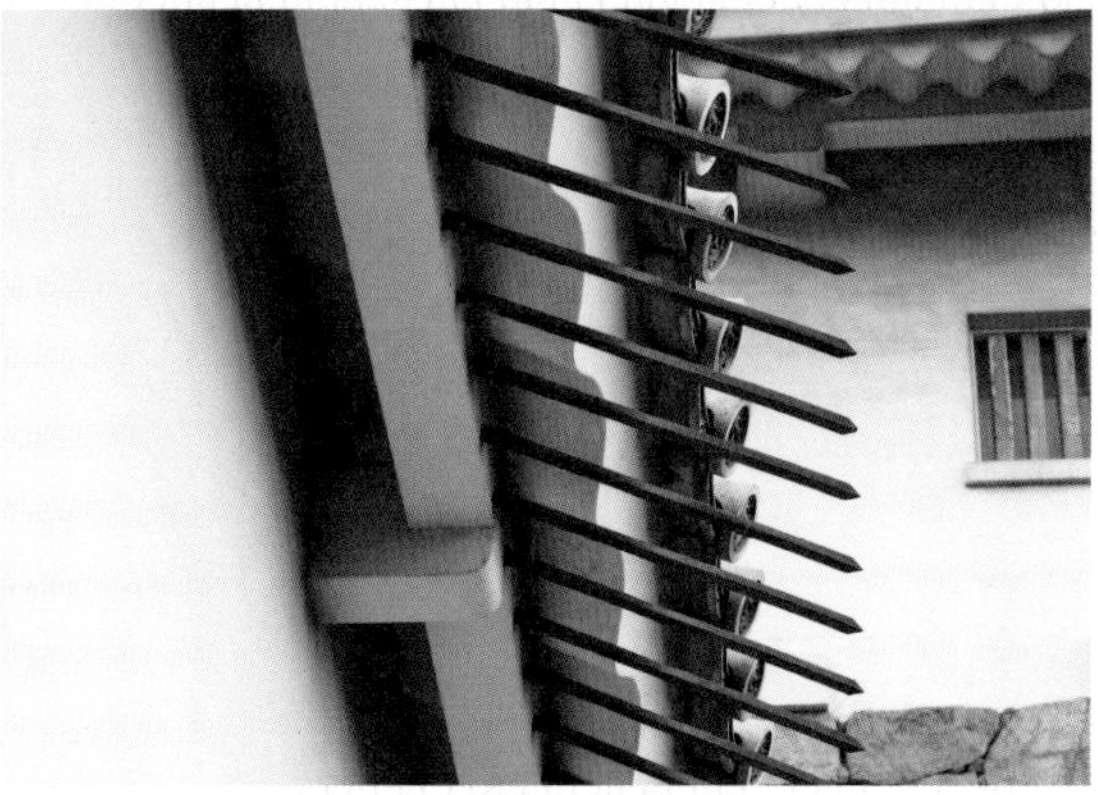

大天守と小天守を結ぶ「橋台」は槍の穂先を並べた「剣塀」

すね」

家康は築城にあたり、天守閣について「内住まいは無用」(内部の装飾には凝らなくてよい、の意)と言った。天守閣の完成を急いだようで、そこにも対豊臣の緊張関係が窺われる。

天守閣などの完成と相前後して本丸御殿を着工し、慶長20年(1615年)に完成。家康は豊臣方との最終決戦となる大坂冬の陣(慶長19年=1614年)、夏の陣(翌年)ではいずれも本丸御殿の前から出陣している。

「名古屋城ができる前、この地はキジが鳴く野原だったそうですね。そこに地形を利用して計画的に城下町を作り、それが後に日本有数の大都市へと発展した。家康の先見の明を感じます。それだけに、明治維新後の廃城の危機をも乗り越えた名古屋城が、太平洋戦争の空襲で焼失したことは残念でなりません」

昭和34年(1959年)に天守閣が再建されたのに続き、平成30年(2018年)には本丸御殿が復元された。今、往時の偉容が再現されている。

清《きよ》須《す》城《じょう》

歴史から忽然と消えた「清須会議」の舞台

2018年7月撮影

城跡近くの公園内に建つ「信長公出陣の像」（杉浦藤太郎作、昭和11年）

◀JR名古屋駅

【住所】愛知県清須市朝日城屋敷1-1
【電話】052-409-7330
【アクセス】JR東海道本線「清洲駅」下車、徒歩約15分
【入場料】大人300円、小・中学生150円（幼児無料）
【営業時間】9時〜16時30分（天主閣）
【休業日】月曜日・年末（12月29日〜31日）
※月曜日が祝日・振替休日の場合は翌日

応永12年（1405年）、交通の要の地・清須に、尾張国の守護所（守護の居館の所在地）である下津城の別邸が築かれたのが城の始まり。その後、清須城に守護所が移され、守護代・織田家の居城となった。天文23年（1554年。翌年説あり）からそこを本拠としたのが若き信長だ。

石原さんが話す。

「信長は〝駿河の今川が攻めて来るぞ〟と東を警戒し、〝美濃の斎藤を攻略しなければ〟と北を睨み、〝いずれ京に上るのだ〟と西に思いを馳せていたのだと思います。眼前に広がる濃尾平野の広さが信長の夢や野心を大きくしたのではないでしょうか」

永禄3年（1560年）、信長は今川義元との桶狭間の戦いで清須城から出陣した。その2年後、徳川家康と同盟を結んだ舞台も清須城だった。

その後、信長は小牧山城、岐阜城、安土城と次々と居城を移し、天正10年（1582年）に本能寺の変で斃れるが、そのとき豊臣秀吉をはじめとする重臣が清須城に集まり、信長の後継と領地の再配分について話し合った。有名な「清須会議」だ。これで秀吉が主導権を握り、織田家重臣の筆頭に躍り出た。

「このように三英傑すべてが直接関わったことから見ても、清須城がいかに重要な城だったかがわかります」

信長の次男・信雄が尾張国を継ぎ、その時代に清須城は天守閣のある近世城郭へ大きく変わる。そして、関ヶ原の戦いの後、徳川義直（家康九男）が城主の時代に城下は人口6万人に膨れ上がった。だが、その城は突如、姿を消す。

家康は関ヶ原に勝利したが、豊臣との緊張は高まっていた。来たるべき決戦を考えると、清

復元され、展示されている清須城本丸の石垣。川の災害復旧工事の際に発見された

地名の変遷などにより、歴史上存在した城は「清須城」、平成元年に建てられた模擬天主のある現在の城は「清洲城」と表記する

模擬天主は旧清洲町の町制100周年を記念して
平成元年（1989年）に建てられた

五条川にかかる大手橋と模擬天主（清須城では「天守」と表記）。
映画『千と千尋の神隠し』の「油屋」のモデルとされる

須城は低地にあって水害に弱いといった欠点があった。そこで家康は慶長14年（1609年）、熱田台地の端に名古屋城を築くことを決意する。築城に伴い、清須城の天守から城下の町や人に至るまでの一切が名古屋へ越す「清須越」が行なわれたのだ。

「家康は清須城を廃城にしました。それには、人心が織田に残らないようにするという理由もあったのだと思います」

　いま清須の地には目に見える遺構はほとんど残っていない。だが、跡地を掘れば金箔瓦などが出土し、尾張の中心だった時代の片鱗を窺うことができる。ちなみに、重要文化財に指定されている名古屋城の西北隅櫓は、清須城の小天守の資材を使って建てたものと言われており、清須櫓とも呼ばれる。

「清須城はまさに〝幻の城〟ですね。でも、少し歴史を学び、現地に足を運んでみると、往時の姿が想像できます」

　模擬天主に立ち、石原さんが言った。その視線の先に名古屋城が見えた。

※天守（主）について…清洲城の指針に基づき、「清須越」以前は「天守」、現在の施設としての名称は「天主」と表記しています

岐阜城《ぎふじょう》

信長が天下統一への野望を燃やした城

金華山の山頂に建つ天守閣。
信長時代以降の建物を近代になって復興

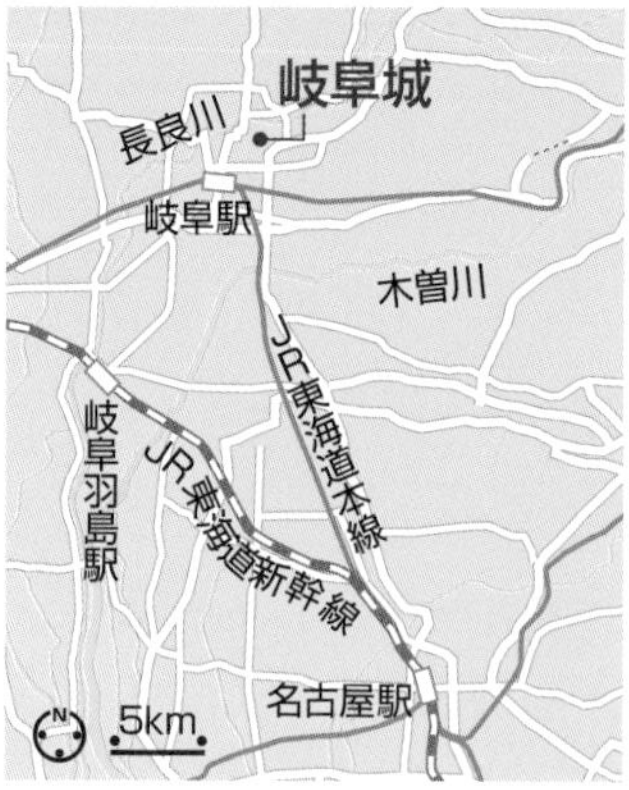

【住所】岐阜市金華山天守閣18【電話】058-263-4853【アクセス】JR岐阜駅からバスで約15分「岐阜公園・歴史博物館前」下車。岐阜公園内で金華山ロープウェーに乗り、山頂駅から徒歩約8分【入場料】大人200円、小人100円【営業時間】9時30分～17時30分(季節により変動。7月15日～8月31日までの毎日、9月2日～11月26日までの土日祝は夜間営業あり)【休業日】無休

◀JR岐阜羽島駅

尾張の織田信長が稲葉山城(岐阜城の前身)に立て籠もる斎藤龍興(信長の義父である斎藤道三の孫)を破り、美濃を制したのは永禄10年(1567年)のこと。信長は城下の町を「井口《いのくち》」から「岐阜」へと改めた。「岐」は中国の周の文王(紀元前12～11世紀)が岐山から天下を平定した故事から、「阜」は孔子(紀元前6～5世紀)の生誕地・曲阜から取られた(異説あり)。

石原さんが話す。

「司馬遼太郎さんの『国盗り物語』の影響か、岐阜城というと最初にこの地に本格的な城を築いた斎藤道三のイメージが強いのですが、実は信長の痕跡が色濃く残っているのですね」

信長は城に大改築を施したが、なかでも特筆すべきは美濃の人が「信長の極楽」と呼んだ山麓部の居館だ。

記録によれば、居館は四階建てで、一階には15～20の座敷と5～6の庭、二階には奥方と女性の部屋があり、部屋の内部は鍍金《めっき》をされた屏風、純金製の留め金や釘、日本と中国の物語を描いた羽目板、金襴《きんらん》の幕などで飾られていた。三階にはいくつ

二ノ門跡にある巨石は
信長時代のものとみられている

発掘調査と記録文書を元にCGで再現した山麓部の信長居館

2018年7月撮影

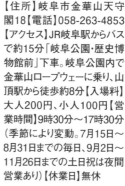

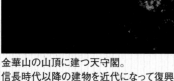

天守閣の最上階からは北に日本アルプス、南にJR名古屋駅前のビル群などを見ることができる

かの茶室があり、三、四階からは城下の町が一望できた。

「迎賓館的に使われたということですが、客人をもてなすことで実は自分の権力を見せつけ、相手を脅していたのではないでしょうか」

「見せる城」は天正4年（1576年）に信長が次に造る安土城が始まりとされるが、実は岐阜城にその萌芽があるのだ。

信長は岐阜の地において誰もが自由に商売できる「楽市楽座」政策を導入し、市場に来る者に領地内の自由な往来を許した。

また、「天下布武」（武力をもって天下を統一する、の意。ここで言う「天下」は「畿内」を意味するという学説が有力になりつつある）という朱印を使い始め、大いなる野望を公言した。実際、信長は岐阜城に入った翌年に室町幕府第15代将軍・足利義昭を奉じて上洛し、天正元年（1573年）にはその義昭を追放して幕府を滅ぼし、一方で周囲のライバルを次々と破っていった。岐阜城を拠点に天下統一への道を駆け上がったのである。

岐阜城の天守閣が建つ金華山の山頂は標高329メートル、周囲に遮るものはなく、全方位に眺望が開ける。天守に立った石原さんが話す。

「これは数ある城の中でも素晴らしい眺めですね。信長も西の伊吹山を見て、『よし、あの山を越えて京に上ってやるぞ』と、メラメラと野望を燃やしたのではないでしょうか」

天守閣で山々と平野を駆け抜ける風を浴びていると、思いは戦国の世へと馳せる。

信長居館跡。平成29年度（2017年度）まで
10年間発掘調査が行なわれた

郡上八幡城《ぐじょうはちまんじょう》

関ヶ原の前哨戦が行なわれた「いちばん美しい山城」

城主は遠藤氏、稲葉氏、遠藤氏、井上氏、金森氏、そして青山氏と変遷

JR岐阜羽島駅

【住所】岐阜県郡上市八幡町柳町一の平659
【電話】0575-67-1819
【アクセス】長良川鉄道「郡上八幡駅」下車後、「まめバス」に乗り「城下町プラザ」下車。徒歩約15分
【入場料】大人400円、小人（小・中学生）200円
【営業時間】8時～18時（6月～8月）
【休業日】12月20日～1月10日

天守台の裏手、野面積みされた石垣は天正16年（1588年）頃のものと推定される

作家・司馬遼太郎が「日本でいちばん美しい山城」と称えた郡上八幡城。奥美濃の、標高350メートル余りの八幡山の山頂に建つ。司馬はその光景を「隠国《こもりく》の観がふかい」と書いた（『街道をゆく4　郡上・白川街道、堺・紀州街道ほか』）。「隠国」とは山々に囲まれ、その中に隠れている様のことだ。

ちなみに郡上は、古来大陸文化が北陸から美濃国に入るときの入口だった。

石原さんが話す。

「僕は何度もこの城を訪れていますが、春から夏の鮮やかな緑の中に白亜の天守が浮かぶ姿も、紅葉の季節の夜にライトアップされた姿も、冬に雪化粧をまとった姿も、どれも美しいです」

今の四層五階の天守は昭和8年（1933年）に建てられたもの。史実に基づいた再建ではないが、戦災で焼失する前の大垣城（後に国宝指定）をモデルにしたもので、木造再建城としては日本で一番古い。それだけに味わいがあり、遠目で見ても近くに寄っても美しい。

「しかし、歴史の中で果たした役割を知ると、この城の本当の面白さを感じることができます」

永禄2年（1559年）、それまで郡上の地に君臨していた東《とう》氏《し》とその家臣・遠藤氏が支配権を巡って戦い、遠藤氏が八幡山（当時の名称は牛首山）に陣を構えて砦を築いたのが城の始まり。

上空から見た郡上八幡城と城下の街。飛騨の地が奥に広がる

勝った遠藤氏はその後、織田信長の配下となって姉川の合戦などで戦功をあげたが、豊臣秀吉に疎まれて美濃の別の場所に転封（国替え）となり、代わりに稲葉氏が城主となった。

そして、慶長5年（1600年）、関ヶ原の戦いが間近に迫っ

2018年5月撮影

残された絵図によると天守閣はなかった。昭和8年の再建の理念は「どこから見ても美しいこと」だった

ていた頃——。

美濃の武将の多くが西軍につくなか、遠藤慶隆は徳川家康に願い出て、飛騨の金森可重《ありしげ》の援軍を得て、稲葉貞通から八幡城を奪還する「郡上八幡城の戦い」を起こした。数百人規模の兵が急峻な山の中で激しく戦った結果、遠藤慶隆が城主に復帰する形で和睦した。その過程で、家康は慶隆に郡上の支配権を承認する書状を与え、最初は西軍についていた稲葉貞通も東軍に寝返らせている。

「郡上八幡城の戦いをテコに美濃に楔《くさび》を打ち込んだ家康の知略を感じます」

郡上八幡城の戦いは、複数あった関ヶ原の前哨戦のひとつだった。

「緑の木々の間を気持ちのいい風が吹き抜け、川のせせらぎが耳に心地よい風光明媚な地で、日本の歴史が大きく動く決戦につながる戦いが行なわれたのだと思うと、城好きの好奇心と想像力は大いに刺激されます」

石原さんはそう言って目を輝かせた。

大垣城《おおがきじょう》

天下分け目の決戦で西軍が本拠とした城

珍しい天守の桃面鬼瓦(復元)。
桃は水分が多く、火災から守るとされる

◀JR岐阜羽島駅

【住所】岐阜県大垣市郭町2-52【電話】0584-74-7875
【アクセス】JR大垣駅南口から南へ徒歩約7分
【入場料】大人200円(郷土館との2館共通券。郷土館・守屋多々志美術館・奥の細道むすびの地記念館との4館共通券は大人600円)。高校生以下無料
【営業時間】9時～17時(入館は16時30分まで)
【休業日】火曜、祝日の翌日、年末年始

石灰岩を使った天守の石垣は珍しい。
戦後、昔の野面積みで復元された

「大阪方面から乗った東海道新幹線の列車が米原を過ぎ、関ヶ原の緩やかな勾配を下っていくと、じきに前方に大垣の街が見えてきます。そのたびに大垣城と関ヶ原の近さを実感します」と、石原さん。

実際、天下分け目の関ヶ原の戦いが行われた場所から大垣城までわずか15㌔だ。

天文4年(1535年)、土豪の宮川安定が築城したのが城の始まりとされる。

「司馬遼太郎さんが『国盗り物語』で〈美濃を制する者は、天下を制することになる〉と書かれたように、美濃は東西の要に位置しています」

なかでも大垣は東海道と中山道を結ぶ美濃路にあり、揖斐《いび》川、杭瀬川《くいせがわ》など多くの川が流れ、水陸交通の要衝だった。城は織田信秀(信長の父)に攻め落とされ、以後、支配権は移り変わり、信長の死後は羽柴秀吉の支配下に入った。

ちなみに、慶長元年(1596年)に三層三階の天守が造られ、元和6年(1620年)に四層四階に改築された。「四層」は「死相」に通じるとして忌み嫌われ、全国的にも珍しい。

慶長3年(1598年)、秀吉が死去すると、代わって天下統一に向けて動き出した徳川家康は、政略によって次々と敵対者を排除していった。それに対し、慶長5年(1600年)7月、西国の諸大名らに呼び掛けて挙兵したのが秀吉子飼いの家臣だった石田三成で、大垣城に入って西軍の本拠地とした。三成は籠城戦をする算段で、当初は家康も低地に建つ大垣城への水攻めを考えていた。

ところが9月14日夜、事態が

東門。かつて7つあった門のうちの内柳門を移築

2019年9月撮影

天守は明治の廃城令後も残り、戦前に国宝指定されたが、昭和20年（1945年）の空襲で焼失。昭和34年（1959年）に外観が復元された

大きく動く。家康は三成が城主である近江の佐和山城を攻め、大坂を目指すという情報を流した。家康の謀略だったと言われるが、それを阻止するため三成は大垣城に守備隊を残し、主力部隊を率いて関ヶ原に先回りした。そこに東軍の主力部隊も集結する。

こうして15日早朝、関ヶ原で歴史の転換点となる戦の火蓋が切って落とされた（この経緯については諸説ある）。そして、西軍の小早川秀秋らの裏切りがあり、わずか半日で決着がついてしまう。大垣城も攻められたが、開城するまで1週間余り攻防が続いた。

「何本もの川に囲まれ、周囲が湿地帯で、難攻不落と言われた大垣城が主戦場になっていれば、西軍が粘っているうちに東軍の士気が下がり、歴史は変わっていたかもしれません。野戦が不得手で戦下手と評される三成を関ヶ原に引き出した家康が巧妙でした」

日本史の一大転換点で果たした大垣城の大きな役割がわかる。

彦根城《ひこねじょう》

優美な天守が隠し持つ堅牢な軍事要塞の強面

「何度見ても、実に優美ですね」

石原さんはそう言って、天守の姿を称えた。

江戸幕府の譜代大名筆頭である井伊家が本拠とした彦根城。徳川家康の天下取りに大きく貢献した「徳川四天王」の一人、井伊直政（関ヶ原の戦いの翌々年に死去）の遺志を継ぎ、家康の命を受けて築城が開始され、20年の歳月を掛けて元和8年（1622年）に完成した。

天守は、江戸時代以前からのものが今も残る12の現存天守のうちのひとつであり、5つの国宝天守のうちのひとつである。屋根の形が多様で、曲線が美しい「花頭窓」や高欄付きの「廻縁」が配され、他の城にはない美しさがある。

「しかし、この城の本当の面白さ、魅力は別にあります」

実は、彦根城には自然の地形を巧みに利用した軍事的な工夫が随所に見られる。

たとえば、城の正面から攻め入った敵が行き当たる「天秤櫓」の外側、裏手からの敵が行き当たる「三重櫓」の外側には、それぞれ敵の侵入を防ぐため、城が建つ彦根山の尾根を大きく断ち切り、深く掘った「大堀切」が造られている。また、城の周囲の斜面5か所で、上下方向に「竪堀《たてぼり》」が掘られ、さらにその片側の斜面に高さ1〜2メートルの「登り石垣」という石垣が積まれている。ともに斜面を横に移動するのを阻むための工夫である。

「全国の城を見て回っていますが、この『登り石垣』は珍しいのではないでしょうか」

実はこれは、豊臣秀吉が朝鮮出兵の際に朝鮮各地に築いた「倭城」で用いた手法で、国内で

大手門、表門からの道が合流する地点にある「天秤櫓」。国の重要文化財

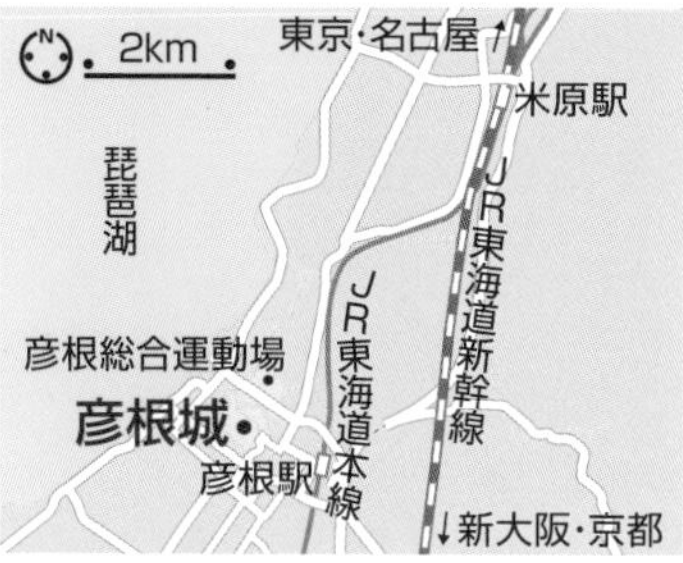

◀JR米原駅

【住所】滋賀県彦根市金亀町1-1
【電話】0749-22-2742
【アクセス】JR彦根駅から徒歩約15分
【入場料】一般800円、小・中学生200円
【営業時間】8時30分〜17時（入場は16時30分まで）
【休業日】無休

「竪堀」とその片側斜面に設けられた「登り石垣」。5か所に設けられている

大堀切に面して建つ三重櫓。敵が攻めてきたら橋を落とし、侵入を防ぐ

2017年12月撮影

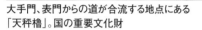

彦根城天守。通常の城と異なり、本丸の中央ではなく端に建つ。少しでも敵が攻めにくくするためだ

は洲本城（兵庫県）、松山城（愛媛県）、そして彦根城などにしか見られないものだという。

他にも、斜面を削り取って急斜面にした「山切岸《やまきりぎし》」を随所に造り、敵が登りにくくしている。

「近世城郭でありながら、純軍事的な中世の山城の手法が数多く見られることに驚きます」

実は、天守内部にも、矢や鉄砲で外の敵を攻撃するための穴である「矢狭間」「鉄砲狭間」が82か所も設けられている。まるで、美しい着物の懐に鋭い匕首《あいくち》を隠し持つように。

築城が始まった頃、大坂城には徳川と緊張関係にある豊臣が陣を構えていた。彦根城はそれに対する防衛の要として築城された。そもそも軍事的な意味合いが濃い城だったのだ。

「美しい天守を見るだけではなく、ぜひ城の各所をくまなく歩いてみてください。彦根城が極めて堅牢な軍事要塞であることを実感すると思います」

優美な城が次第に、険しい表情をした〝強面の城〟に見えてくるはずだ。

安土城《あづちじょう》

「幻の城」となった信長が築いた最後の城

山の中腹に信長が建てた摠見寺の跡地に残る三重塔。国の重要文化財

◀JR米原駅

【住所】滋賀県近江八幡市安土町下豊浦6371
【電話】0748-46-6594（安土山保勝会）
【アクセス】JR安土駅から徒歩約25分
【入場料】大人700円、子供200円
【営業時間】季節により変動あり
【休業日】悪天候時などは休山とすることあり

本能寺の変の翌年、秀吉が天主跡の西に建てた「信長公本廟」の入口で参拝

麓の大手門から山頂方向へと、幅6～7メートルの石段の道が真っ直ぐに、急角度で延びている。その距離約180メートル。

「この大手道の迫力に圧倒されますね」

石段の途中で立ち止まり、山頂方向を見上げた石原さんが唸った。

450年ほど前、山頂には屋根瓦や壁に金箔が輝く天主がそびえ立っていた――（一般的には「天守」だが、安土城では「天主」と表記する）。

天正4年（1576年）、織田信長が琵琶湖東岸に着工し、3年後に完成した安土城。標高199メートル、比高110メートルの安土山全体を縄張りとする山城だ。それまでの居城である岐阜城より京に近く、琵琶湖の水運を利用すれば1日で着けた。現在は干拓によって隣接する地はすべて陸地化されているが、当時は南側以外は琵琶湖の内湖に面していた。また安土は北陸、東海にもつながる要衝の地だった。

「信長にとって安土が、天下統一を目指す拠点に相応しい地だったことがわかります」

安土城は「近世城郭の創始」と評価される。日本の城として初めて城郭全体に石垣を築き、その上に門、櫓、館などを建てた。天主（天守）を持ったのも安土城が初めてで、地上六階地下一階、高さ33メートルだったとされる。当時日本にいた宣教師のルイス・フロイスは〈我らヨーロッパの塔よりもはるかに気品があり壮大な別種の建築〉と書く（『完訳フロイス日本史③ 安土城と本能寺の変――織田信長篇Ⅲ』松田毅一・川崎桃太訳）。他にも行幸した天皇を迎えるための本丸御殿や家臣団の屋敷などがあった。また、城郭の中心である天主から麓の城下町に至るまで一体となった構造を持っていた。

「湖に面した安土城の姿はまる

主郭内で最も高い位置にある天主跡。20メートル四方の中に111の礎石が並ぶ

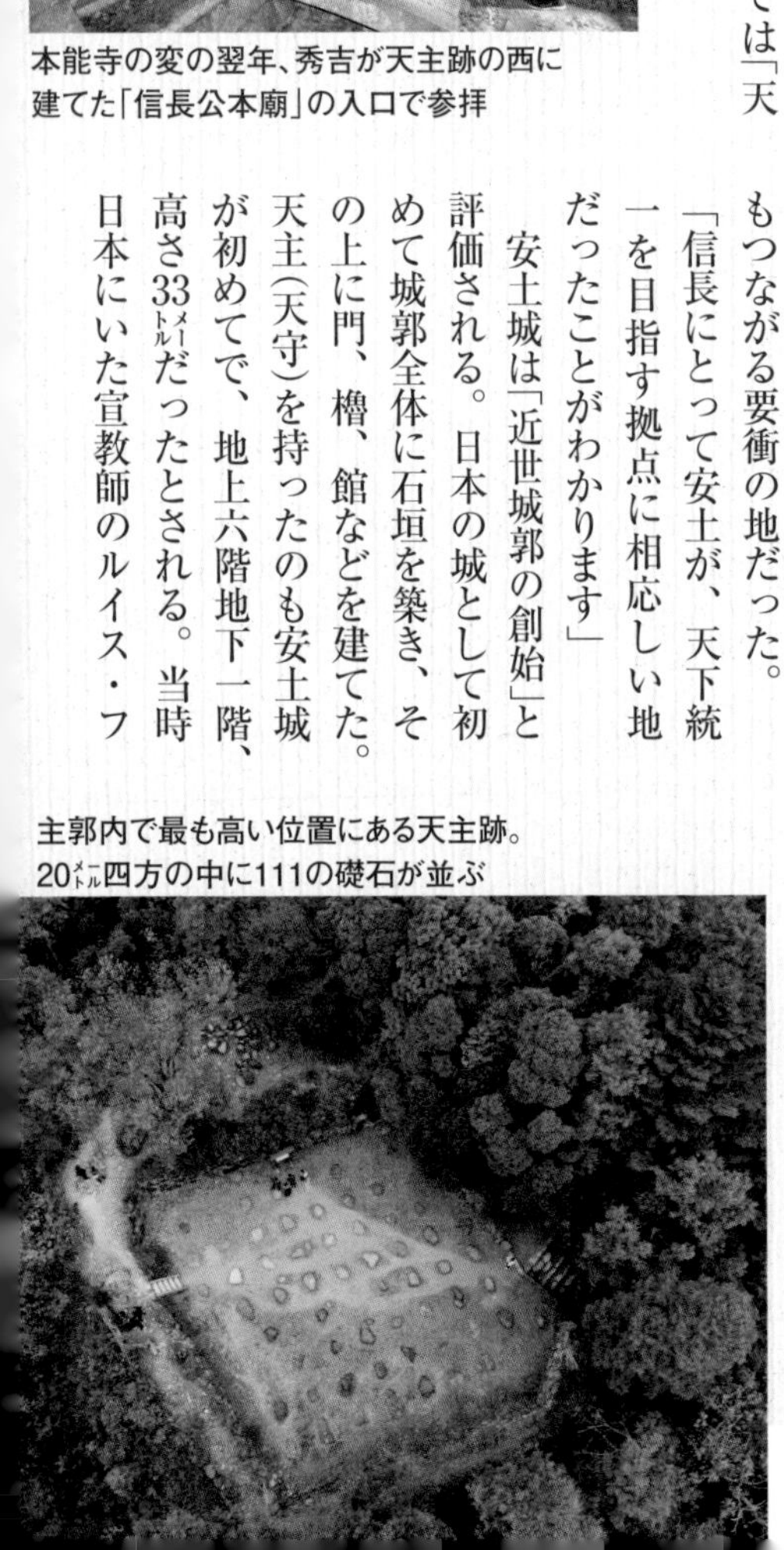

2019年12月撮影

今見える石垣はおよそ3割が本来のもの、7割が発掘調査をもとに復元したもの。安土城の姿は当時のヨーロッパにも伝えられていた

でモンサンミッシェル（フランス西海岸の湾に浮かぶ世界遺産の修道院）のようです。安土城の建設は、信長の絶大な権力、莫大な財力、独創的なアイデアがあって初めてできたことだと思います」

だが、天下統一を間近にした天正10年（1582年）、本能寺の変が起こると、その混乱の中、天主などの主要な建物が焼失した（原因は不明）。その後、織田氏の居城として使われたが、天正13年（1585年）、信長の次男・信雄が羽柴秀吉に敗れると廃城となった。

「今、かつての建物はひとつも残らず、復元もされていません。ただ石垣や天主の礎石があるだけです。そのため信長が築いた最後の城となった安土城は『幻の城』とも言われています。しかし、山中を歩くとインスピレーションが湧き、信長の〝気〟までが伝わってくるような感覚になりました」

安土山には、信長の栄華と野望、そしてそれが潰えた無念が渦巻いている。

伊《い》賀《が》上《うえ》野《の》城《じょう》

「築城の名手」による激動の時代を象徴する城

現在の天守閣の東側には
筒井定次が建てた城の石垣が残っている

◀JR京都駅

【住所】三重県伊賀市上野丸之内106【電話】0595-21-3148
【アクセス】伊賀鉄道上野市駅から徒歩約8分
【入場料】天守閣　大人600円、小人300円
【営業時間】9時～17時（入館は16時45分まで）
【休業日】12月29日～31日

「絹本著色藤堂高虎像」。江戸時代の作品で、重要文化財。西蓮寺（伊賀市）所蔵

「信長、秀吉、家康の三英傑全員がこの地に関わりました。それだけここが要衝の地だったことがわかります」

と、城の歴史を聞いた石原さんが話す。

長らく土豪の武将が割拠していたのを、第一次、第二次の天正伊賀の乱を経て制圧したのが信長である（「第二次」は天正9年＝1581年）。その後、本能寺の変で信長が斃れると、秀吉が配下の筒井定次を領主とし、築城させた。

だが、秀吉が亡くなり、家康が関ヶ原の戦いに勝利すると、定次から領地を没収し、厚い信任を寄せる藤堂高虎に領地を与え、城を大改築させた（改築は慶長16年＝1611年から翌年）。筒井時代の城が、徳川が北東方面から攻めてくると想定して北に大手門を配した（北を正面とした）のに対し、藤堂時代の城は逆に南に大手門を設けた。西南西方向に位置し、やがて大坂の陣で戦う豊臣の本拠地・大坂城を睨んだものだった。

「その転換が戦国時代、特に天下統一を目前にした時期の激動ぶりを象徴しています。天正伊賀の乱から大坂の陣に至る時間軸と、東の徳川から西の豊臣までの空間軸の両方を意識して見ると、非常に面白い城です」

藤堂高虎（弘治2年＝1556年～寛永7＝1630年）は、名古屋城の石垣普請（工事）などを手掛けた加藤清正と並び、築城名人として名高い。伊賀上野城以外にも、和歌山城、大和郡山城、紀伊赤木城、近江膳所《ぜぜ》城、今治城、江戸城、伊勢津城、徳川大坂城など、数多くの城の築城、改築を担当した。合理的でダイナミックな縄張り（建物な

本丸内堀の高石垣。加藤清正の造る石垣と比べ、反りが少ないのが特徴だ

2017年11月撮影

現在の天守閣は地元出身の代議士・川崎克が私財を投じて建てたもので、正式名称は「伊賀文化産業城」。「白鳳城」の雅名でも呼ばれる

どの配置を決めること）が特徴と言われ、天守閣の形式として従来の望楼型（一番上に望楼を乗せた形式）に代わって新しい層塔型（五重塔のように同じ形の建物を重ねた形式）を完成させたと評価される。

伊賀上野城では、本丸西側に深い堀が掘られ、その内側に大坂城に匹敵する高さ30メートル近い石垣が組まれている。

「石垣の上から堀を覗くと思わず吸い込まれそうで、高さを実感します」

と、石原さんが息を飲む。

史料により、高虎は五層の層塔型天守閣を建てようとしていたことがわかっている。だが、完成を目前にしながら猛烈な暴風雨に遭って倒壊し、以後、再建されることはなかった。

「伊賀上野城は、高虎が手掛けた数多くの城のなかでも、ひとつの完成形と言えるでしょう」

現在の天守は昭和10年（1935年）に落成。史実に基づかない「模擬天守」だが、木造建築としての価値が高く、伊賀市有形文化財に指定されている。

二条城《にじょうじょう》

煌《きら》びやかな世界遺産が持つ軍事的機能

二の丸御殿の正門である唐門。家康を祀る日光東照宮を思わせる煌びやかさがある

◀JR京都駅

【住所】京都市中京区二条通堀川西入二条城町541
【電話】075-841-0096
【アクセス】JR京都駅から地下鉄烏丸線に乗り、「烏丸御池駅」で地下鉄東西線に乗り換え「二条城前駅」下車
【入場料】一般 800円、中学生・高校生 400円、小学生 300円
【営業時間】8時45分～16時（閉城17時）
【休業日】12月29日～31日

本丸の四周の内側に設えられた石段「雁木造」。二条城の軍事的な側面を象徴する

関ヶ原の戦いに勝利した徳川家康が、京都御所を守護し、将軍上洛の際の宿舎にするために築城した二条城。まず現在の二の丸部分が慶長8年（1603年）に完成した。

「よく言われるように、二条城は江戸時代の始まりと終わりの場所です」

と、石原さん。

慶長8年、家康は伏見城に勅使を迎えて「将軍宣下」（天皇から征夷大将軍に任命されること）を受け、二条城から御所に参内して「拝賀の礼」（朝廷にお礼の挨拶をすること）を行なった。それから260年余り後の慶応3年（1867年）、15代将軍慶喜は二条城の二の丸御殿で大政奉還を表明した。

「二条城が果たしたそうした政治的役割の印象が強い上に、京の中心の平坦な土地に建ち、狩野探幽らの障壁画が描かれた二の丸御殿やその正門である煌びやかな唐門が目立ちます。そのため、二条城には〝城〟というより〝御殿〟のイメージがあります」

世界文化遺産に登録され、多くの建造物が国宝、重要文化財に指定されているだけに、なおさらかもしれない。

だが、あまり注目されないが、二条城にも堅牢な城としての貌がある。

寛永3年（1626年）、後水尾天皇が二条城に行幸する一大イベントが行われた。それに向けて3代将軍家光は、新たに現在の本丸部分を造るなど城を大改築した。その本丸の四周の内側は「雁木《がんぎ》造」という石の階段になっている。敵が侵入を図ったとき、素早く石段を登って迎え撃つためだ。今は残っていないが、当時は四周に塀を築き、そこに「隠し狭間」（鉄砲や弓を使うための外から見えない穴）を設けていた。また、本丸の西門は「枡形虎口」という、侵入を図る敵を撃退しやすい典型的な造りになっている。

城の正門である東大手門も、実は軍事色が濃い。慶長の創建時には門の上に櫓が乗る二層構造だったが、寛永の天皇行幸の際、櫓部分を取り除いた一層に変え、行幸から36年後の寛文2年（1662年）、4代家綱の時代に再び櫓の乗った二層に戻した。その櫓部分には攻撃のための「石落とし」を設け、格子の芯に鉄板を

2017年11月撮影

国宝二の丸御殿。征夷大将軍に任命された家康はここから御所に参内し、「拝賀の礼」を行なった

使い、壁に石を詰めるなどして防御機能を強化したのだ。

「寛永3年の段階ですら大坂の陣で豊臣を滅ぼして10年余りが経っていますし、まして寛文年間は天下泰平の世です。にもかかわらず、なぜ、その時代に軍事的機能を強化したのか？　その理由は専門家の間でもはっきりとわかっていないそうですね。万が一に備えたのか、それとも平和ぼけするなと自らを戒めたのでしょうか……」

謎が浮かび上がり、城好きの好奇心は大いに刺激されたようだった。

二の丸御殿の大広間。
第15代将軍慶喜により大政奉還が表明された歴史的な場所（提供：二条城）

福《ふく》知《ち》山《やま》城《じょう》

天守台の転用石の多さが物語る激動の時代

野面積みされた（石がそのまま積み上げられた）天守台の石垣を見て、石原さんが興味深げに言った。

「これだけ多くの転用石が使われている城は珍しいのではないでしょうか」

転用石とは、他の目的のために使われていたが城の石垣に転用された石のことで、墓石、石塔、石仏などの一部が多い。福知山城の天守台の石垣には５００を超える転用石があり、その数は全国の城の中でも随一だ。

天正３年（１５７５年）、全国統一を目指す織田信長は重臣の一人、明智光秀に、有力領主が割拠する丹波の攻略を命じた。光秀は一度は敗走したものの、やがて各地の城を攻め落とし、天正７年（１５７９年）には丹波、さらには丹後を平定。そして奥丹波支配の拠点として丹波の地に福知山城を築いた。

「光秀の支配に抵抗する寺院を破壊し、石塔などを石垣に転用したそうですね。だとすれば、福知山城の天守台の転用石は、新しい時代のために古いものが破壊されていく激動の時代を象徴しているような気がします」

信長は旧秩序の破壊者と言われ、室町幕府体制を終わらせ、朝廷の権威にも挑戦した。その急先鋒として数々の武功を立てたのが光秀だった。

光秀は城と城下町を整備しただけでなく、川の氾濫から領民を守るため後に「明智藪」と呼ばれる竹藪を築いたと伝わる。本能寺の変によって一般的には裏切り者の代名詞となるが、福知山では名君と称えられ、地元の神社に祭神として祀られている。

丹波、丹後平定の後、光秀は畿内方面軍の司令官となり、天正９年（１５８１年）の京都馬揃

二の丸登城口にあった銅門番所（江戸期のもの）。天守復元の際、本丸跡に移築

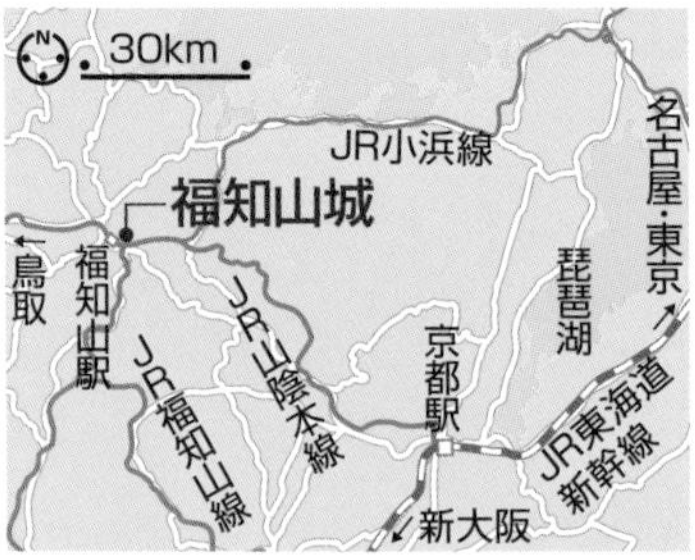

◀JR京都駅

【住所】京都府福知山市字内記5
【電話】0773-23-9564
【アクセス】JR福知山駅から徒歩約15分
【入場料】大人330円、小・中学生110円
【営業時間】9時～17時（入館は16時30分まで）
【休業日】火曜日

自然石とは異なる真四角の石が転用石。なかには梵字が刻まれたものもある

本丸跡にある豊磐の井（江戸前期のもの）。城郭内の井戸として異例の深さ50メートル

2017年11月撮影

関ヶ原の戦い後に入城した有馬豊氏の時代に三層四階の大天守と二層二階の小天守の連結天守が造られたと考えられる。昭和61年復元

え（一種の軍事パレード）の運営責任者を任されるなど、信長に重用される。だが、天正10年（1582年）、1万を超える軍を率いて本能寺に投宿する警備の薄い信長を襲い、自刃に追い込む。そして中国攻めからとって返した羽柴秀吉軍に敗れ、落命する——。光秀の動機については野望説、怨恨説、黒幕存在説などさまざまな説が語られ、学問的にはまだ確定していない。

福知山城は四方を山並みに囲まれた盆地の丘陵地帯に立つ。天守の最上階に登った石原さんが話す。

「眺望の良さを感じる一方、盆地と山並みが果てしなく続いているかのようにも感じます。そんな光景を眺めながら、光秀はふと、〝信長に命じられるままに、いつまで戦いを続けなければならないのだろうか〟と思い、それに終止符を打ちたくなったのではないかという気もするのです」

城からの眺めが光秀を惑わし、本能寺の変を起こさせたのかもしれない。

高取城《たかとりじょう》

山中に圧巻の光景が広がる日本三大山城

「いやあ、凄い、本当に凄いです」取材中、初めて訪れた高取城跡に石原さんは何度も感嘆の声を上げた。

　北の奈良から南の吉野に抜ける要衝の地にある高取山。その標高583メートルの山にあったのが高取城だ。城の中心だけでも広さ約1万㎡、周囲約3キロ、城郭全体だと広さ約6万㎡、周囲約30キロに及び、城郭の麓から山頂の天守台までの比高は390メートル。松山城（備中）、岩村城（美濃）とともに日本三大山城に数えられ、規模、比高などから日本最大の山城と称される。

　南北朝時代の元弘2年（1332年）、南朝方の土豪が築城したのが始まり。南朝の都・吉野を守る最後の防衛線的な役割を担った。戦国時代の天正17年（1589年）、豊臣秀長（秀吉の異父弟。同父説もあり）の家臣で、城主となっていた本多氏が城を大拡張。三層の白い天守閣を始め、小天守、27の櫓、33の門、9の橋梁を建て、総延長3キロ前後に及ぶ土塀、石塁を築いた。発掘調査などから、山の広範囲に多くの建造物が広がっていたことがわかったという。

「今は秘境のような奥深い山が、かつては要塞のような巨大な城郭だったと思うと興奮します。今、山からは大阪の超高層ビル群が見えますが、逆に言えば、昔は大坂城から高取城が見えたのではないでしょうか」

　吉野からは伊勢にも紀伊にも抜けられ、海に出れば船でどこにでも行ける。

「それゆえ、城が豊臣勢の支配下にあった時代、大坂城の豊臣勢が敗走を余儀なくされたとき、高取城を通って吉野に向かうこともあり得た、と専門家の間で考えられているそうです。そん

◀JR新大阪駅

【住所】奈良県高市郡高取町高取
【電話】0744-52-1150（高取観光案内所「夢創舘」）
【アクセス】近鉄吉野線「壺阪山」駅より
奈良交通バス「壺阪寺前」下車、タクシーで約25分
【入場料】無料
【営業時間】24時間・無休

二ノ門の外にある「猿石」。飛鳥時代に造られ、築城以降に運ばれたと言われている

本丸に遺る天守台の高石垣。織豊期（安土桃山時代）に積まれたと言われている

「国見櫓」の跡地からは大和国（現在の奈良県）が一望でき、今は大阪の高層ビルも見える

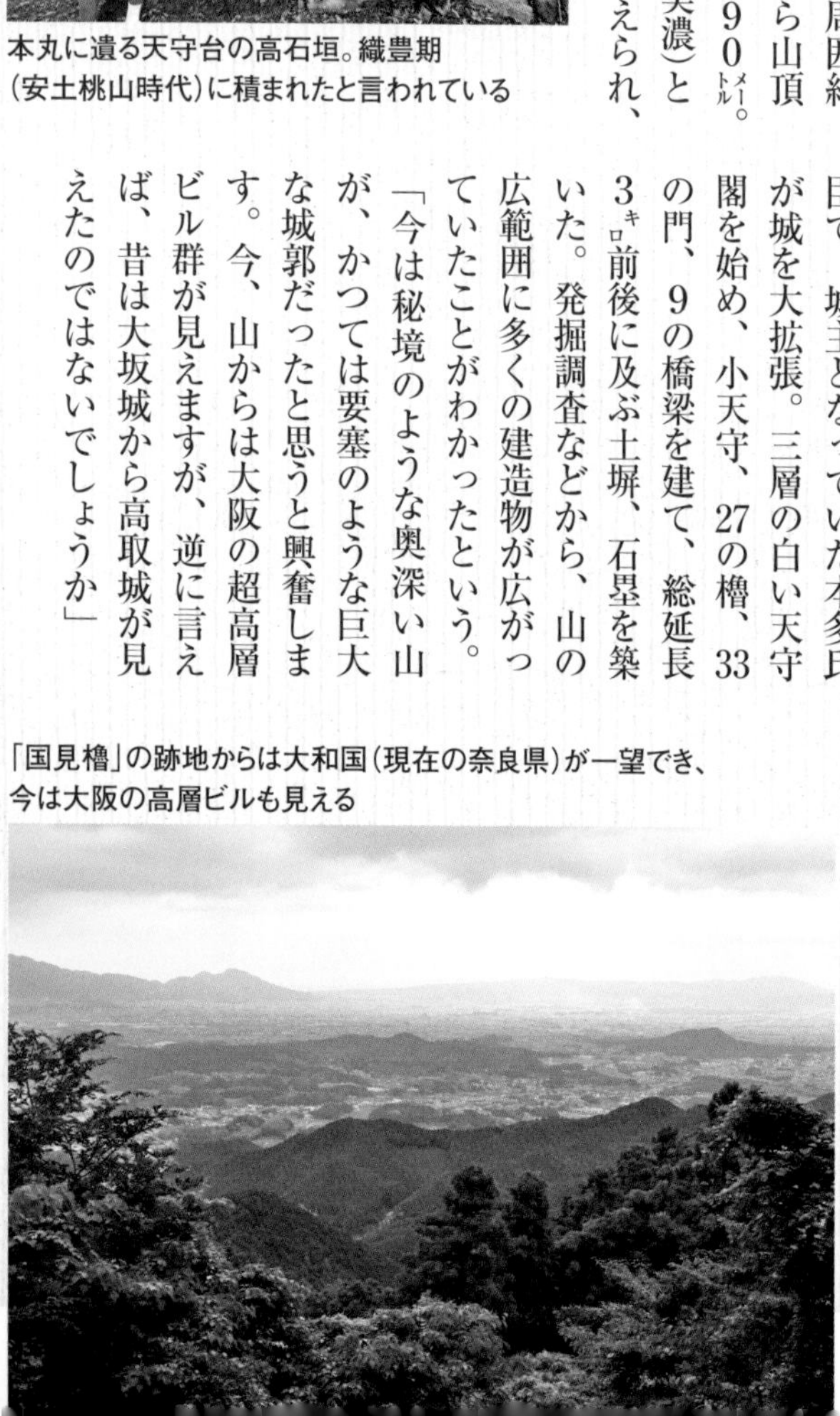

2019年7月撮影

本丸の「枡形虎口」（四角い出入口）の上に立つ。背後の石垣は天守台

二の丸の「太鼓櫓」（太鼓で時を知らせるための櫓）の跡

城内各所に建物に使われていた瓦が落ちている

な歴史の大舞台に登場する可能性を秘めていた場所なのですね」

関ヶ原の戦いで城主の本多氏は東軍につき、その功績によって高取藩が立藩。本多家が断絶すると譜代の植村家が藩主となり、江戸時代を通じて城は残った。だが、明治6年（1873年）に廃城となり、建物は売却されたり、自然倒壊したりした。

今、山中に建物は一切なく、木々が生い茂る深い山中の各所に石垣や土塀、石塁だけが残り、建物の跡地を歩くと瓦が落ちている。まさに兵どもが夢の跡である——。「木々に埋もれていても圧巻の光景」（石原さん）だ。高取城が、2018年放送のNHK『あなたも絶対行きたくなる！ 日本「最強の城」スペシャル』第1弾で「最強の城」に選ばれたのもうなずける。

城の散策ルートすべてを歩くと数時間かかる。

「でも、自分の足で歩くだけの価値は十分にありますね。城の巨大さと歴史を実感できますから」

山城の面白さが詰まっている。

大坂城《おおさかじょう》

豊臣が誇り、徳川が怖れた日本一の天守閣

『大坂夏の陣図屛風』の豊臣大坂城

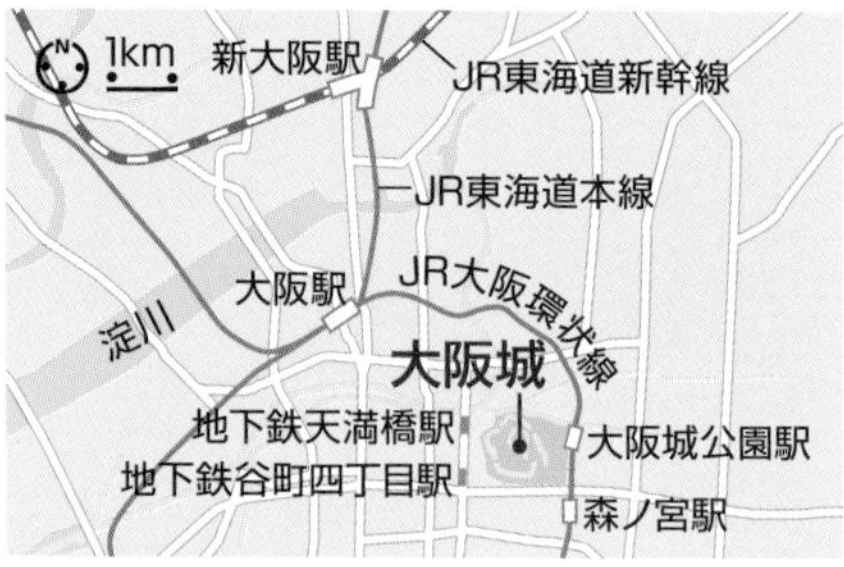

◀JR新大阪駅

【住所】大阪市中央区大阪城1-1
【電話】06-6941-3044
【アクセス】JR大阪城公園駅、森ノ宮駅、
地下鉄谷町四丁目駅、天満橋駅から徒歩15～20分
【入場料】大阪城天守閣へは大人600円、中学生以下無料
【営業時間】9時～17時（最終入館16時30分）
【休業日】12月28日～1月1日

本能寺に斃《たお》れた織田信長に代わって天下を統一せんとした豊臣秀吉が、信長の後継者であることを世に示し、自らの栄華の象徴とするために築いた大坂城（「大坂」は当時の表記。近代以降は「大阪」に変わった）。現在は、当時の様を復元した天守閣を見ることができる（昭和6年＝1931年に復興）。

「当時の庶民は、上町台地の突端に聳《そび》える天守閣を遠くから仰ぎ見て、たまげたでしょうね」

本丸の端から天守閣を見上げた石原さんは、当時日本最大で金色に輝く城の偉容を想像する。

軍事要塞としてよりも「見せる城」としての意味合いが強くなった最初の城が、信長の築いた安土城だった。秀吉は大坂城を、規模においても壮麗さにおいてもその安土城を凌駕するものにしようとした。

そのため、天正11年（1583年）の着工から秀吉が15年後に亡くなるまで工事は続行された。天守閣は外観五層、内部八階を誇り、その外観には金箔がふんだんに使われ、城全体の広さは2キロ四方に及んだ。

外観以上に煌《きら》びやかだったのが天守閣の内部だ。無数の財宝を収めた宝物殿として使われ、「天守御宝蔵」とも呼ばれた。

同時に、天守閣は迎賓館の役目も果たし、秀吉自ら大名などの賓客を案内した。なかでも客を驚かせたのが組み立て式の「黄金の茶室」だ。本丸内の表御殿で開く茶会だけでなく、京都北野天満宮境内で開いた北野大茶会や、文禄・慶長の役に際して築いた肥前名護屋城での茶会にも持ち込んだ。

茶室には金箔ではなく、重さ100キロにもなる金の延べ棒が使われていたと聞き、石原さんも驚く。残念ながら本物は残っていない。

慶長3年（1598年）、秀吉が病で没し、慶長8年（1603年）、徳川家康が江戸幕府を開く。やがて豊臣と徳川の対立が決定的となり、慶長19年から20年（1614～15年）にかけて大坂の陣が起こった。

「現在の大阪城を見ると、立て籠もった豊臣方の兵が〝勝てる〟と思い、世の中の半分の人も〝豊臣は滅びない〟と思ったのではないかと想像したくなります。当時の大坂城はそれほど凄い城で、豊臣の象徴であり、力の源だったのですね。だからこそ戦いに勝利した徳川は城を灰《かい》燼《じん》にしたのでしょう」

徳川2代将軍秀忠は、同じ場所に「徳川大坂城」を再築したとき、「豊臣大坂城」の石垣の上に分厚く土をかぶせて〝埋め殺し〟、その痕跡をこの世から消そうとしたのだった。

2019年7月撮影

「徳川大坂城」の天守閣は寛文5年（1665年）の落雷によって焼失し、再建されることはなかった

天守閣に展示されている「黄金の茶室」の原寸大模型

天守上部の黄金の伏せ虎が「豊臣大坂城」独特のデザイン

和《わ》歌《か》山《やま》城《じょう》

「パックス・トクガワーナ」の象徴

三層三階の天守に上ると、潮風を頬に受け、明るい陽光のもと、眼前に広がる青い海の彼方に淡路島が見える。

「南の国らしい穏やかな気候と眺めですね。和歌山城にどことなく温和な印象を抱くのはそのせいでしょうか」

そう言って石原さんは眩しそうに目を細めた。

和歌山平野の中心を紀の川が流れ、紀伊水道に注ぐ。和歌山城はその河口近くに建つ。

天正13年（1585年）、羽柴秀吉が紀州を平定し、異父弟（同父弟説もあり）の秀長に現在の地に城を築かせたのが和歌山城の始まり。その後、関ヶ原の戦いで功を立てた浅野幸長が城主となり、大天守と小天守が連なる連立式天守を建てるなどした。

そして、元和5年（1619年）、徳川家康の10男で、駿府藩主だった頼宣が紀州藩主となり、尾張徳川家、水戸徳川家と並ぶ御三家として紀州徳川家が始まる。頼宣は城を拡張し、城下町を整備するなど、藩の繁栄の礎を築いた。紀州徳川家からは8代将軍吉宗、14代将軍家茂が輩出した。

「紀州藩主となったときまだ10代後半だった頼宣は、どんな思いで紀州にやってきたのでしょうか。兄である2代将軍秀忠に〝飛ばされた〟という思いがあったのか、それとも、新天地で新時代を築くぞという意気込みに燃えていたのか……」

和歌山城は決して巨大な城ではない。しかし、平地の中の標高50㍍近い小山の上に建ち、周囲からは白亜の天守閣を見上げる形になり、堂々たる威風を感

藩主らが二の丸と西の丸を行き来する「御橋廊下」。壁と屋根があり、斜めにかかる

◀JR新大阪駅

【住所】和歌山市一番丁3
【電話】073-422-8979（天守閣）
【アクセス】JR和歌山駅からバス（0系統、25系統）和歌山城前バス停下車
【入場料】大人410円、小・中学生200円
【営業時間】天守閣 9時～17時30分（入場は17時まで）
【休業日】12月29日～31日

豊富に遺された石垣の一部。
写真のものは古い時期の「野面積み」

築城当時は大手門で、後に搦手（からめて）門（裏門）となった「岡口門」。重要文化財

2018年12月撮影

天守閣が白壁になったのは寛政10年（1798年）。その前は黒板張りだった

じさせる。天守閣は江戸後期に落雷で焼失したが、再建され、昭和10年（1935年）に国宝に指定された。その後空襲を受けて再び焼失したが、昭和33年（1958年）に外観を忠実に再現して再建された。

城内で目を見張るのは豊富に遺された石垣だ。自然の石を切り出したまま積んだ「野面積み」、表面を粗く加工した石をつぎ合わせて積んだ「打ち込み接《は》ぎ」、精密に加工して積んだ「切り込み接ぎ」という、時代ごとに特徴的な積み方を見ることができる。

「東海道周辺の城には、交通の要衝にあるがゆえにいつ戦場になるかわからない緊張感があります。一方、和歌山城は西日本に睨みをきかせる『南海の鎮《しずめ》』の役割を担ったものの、すでに大坂の陣も終わり、実際に戦闘はありませんでした。城が温和な表情をしているように感じるのは、そうした歴史的な背景のせいでもあるのでしょう」

和歌山城は〝パックス・トクガワーナ（徳川の平和）〟を象徴する城なのかもしれない。

第2章 武将巡歴

- 東京
- 品川
- 新横浜
- 小田原
- 熱海
- 三島 ------ 願成就院
- 新富士
- 静岡 ------ 静岡浅間神社
- 掛川
- 浜松 ------ 龍潭寺
- 豊橋
- 三河安城 ------ 大樹寺
- 名古屋 ------ 苗木城
- 岐阜羽島 ------ 竹中氏陣屋
- 米原 ------ 関ヶ原古戦場、八幡山城
- 京都 ------ 方広寺、本能寺、鞍馬寺、等持院、今井町
- 新大阪 ------ 信貴山城、真田丸

願成就院《がんじょうじゅいん》

「鎌倉殿」の最有力御家人 北条一族の氏寺

寺に伝わる時政肖像。画像提供／願成就院

◀JR三島駅

【住所】静岡県伊豆の国市寺家83-1
【電話】055-949-7676
【アクセス】伊豆箱根鉄道「韮山」駅、「伊豆長岡」駅より徒歩約15分
【入場料】大人700円、中高生400円、小学生200円
【営業時間】10時～16時(最終受付15時30分)
【休業日】火曜日、水曜日。その他休業日あり
(詳細はhttps://ganjoujuin.jpを参照)

　2022年のNHK大河ドラマ『鎌倉殿の13人』で主要人物のひとりだった北条時政が文治5年(1189年)に建立した北条氏の氏寺・願成就院。その大御堂に祀られた阿弥陀如来坐像を始めとする仏像五体を間近に見て、石原さんが何度も唸った。いずれも、写実的な新しい造仏表現を開拓した奈良仏師・運慶が東国で造った初めての仏像だ(国宝指定)。

「力強さの中に知を感じますし、これらを造らせた時政の知力も伝わってきます」

　12世紀初め、京武者だった時政の祖父が、伊豆国田方郡北条に住む国衙《こくが》(政庁)の地方役人に婿入りしたのが北条氏の始まりという説もある。その運命は、平治の乱で敗れて伊豆に配流されていた源頼朝が時政の娘・政子と恋仲になって劇的に動く。

「時政は平家に睨まれることを恐れつつも、政子の意志が固いので、腹を括って2人の結婚を認めたのでしょうね」

　治承4年(1180年)に頼朝が挙兵して平家を打倒し、鎌倉政権を樹立。頼朝亡き後は嫡男・頼家が継ぎ、時政ら御家人による「13人の合議制」が始まる。

　だが、時政は対立勢力と関係の深い頼家を失脚させ、12歳の嫡出の次男・実朝を擁立し、自らは将軍を補佐して政務を統括する執権に就き、権力を掌握。建仁3年(1203年)のことだ。以後、執権は北条氏が独占的に世襲する。

　当初、北条氏は広大な領地も強大な武士団も持たなかった。にもかかわらず時政が有力御家人になったのは、頼朝の〝外戚〟であること以外にも理由があった。北条氏の館のすぐ東側には伊豆の国衙がある三島から下田まで続く下田街道が通り、西側には天城山から沼津に注ぐ狩野川が流れる。北条の地は人や物資、情報の流れの要衝だった。

「加えて、伊豆への土着が新しい分、他の東国武士に比べて都に人脈を持っていたそうです」

　その証拠に北条氏邸跡では中国などから輸入された陶磁器や京都系のかわらけが、伊豆では突出して多く出土している。

　元久2年(1205年)、時政と公家出身の後妻・牧の方は実朝を排し、娘婿を新将軍に擁立しようと企む。だが、政子と義時(時政の次男で2代執権)に阻まれ、時政は出家と北条の地での隠居を余儀なくされた。

「時政は知略、謀略も駆使する才覚によって時代を動かし、最後はその自らの才覚に滅ぼされたのですね」

　失脚の10年後、富士を望む田園の中で時政は静かに生涯を終えた。

2017年10月撮影

国宝五仏が祀られた大御堂。運慶は晩年、鎌倉幕府関係の造像を多く手がけた　※特別に許可を得て撮影

頼朝の配流地とされる「蛭ヶ島」に建つ頼朝と政子の像

大御堂に祀られた阿弥陀如来坐像など運慶作の国宝五仏

北条氏が領地としていた「守山」一帯。背後には狩野川が流れる

政子の産湯に使ったという伝承の残る「北条政子産湯の井戸」

静岡浅間神社《しずおかせんげんじんじゃ》

富士を祀る「天下人・家康」の原点

大拝殿は社殿を二重に重ねた浅間造と呼ばれる。高さは21メートルで漆塗りの神社建築では日本一

◀JR静岡駅

【住所】静岡県静岡市葵区宮ケ崎町102-1
【電話】054-245-1820
【アクセス】JR「静岡駅」から
バス「赤鳥居浅間神社入口」下車
【入場料】参拝無料、御本殿特別参拝は有料
【営業時間】7時～18時（授与所受付は9時～17時）
【休業日】無休

2020年12月撮影

「見上げるような大拝殿だけでなく、総漆塗りで複雑精緻な彫刻を施した社殿はどれも見事で息を呑みます」

江戸末期の神社建築を代表するという社殿群を見て、石原さんが圧倒されたような表情を見せた。

古来、朝廷、幕府から庶民に至るまで幅広く崇敬されてきた静岡浅間《せんげん》神社（3つの神社の総称）。長らく駿河の守護・今川氏の氏神だったが、徳川家康との関係を抜きには語れない。家康は天文18年（1549年）から12年間、父である岡崎城主・松平広忠が今川義元の支援を得る代わりに〝人質〟として駿府で過ごした。8歳から19歳までだ。

「近習《きんじゅ》（そばに仕える者）10人ほどを連れての〝留学〟のようなものだったそうですね」

律令時代から栄え、京風の街が作られ、公家や文化人が京の戦乱から逃れてきた『東国の京』駿府で、家康は文武に励み、14歳のとき静岡浅間神社で元服式を行なったと言われる。

永禄3年（1560年）の桶狭間の戦いで義元が織田信長に敗れたのを機に岡崎城へ戻った家康が、再び神社と深く関わるのは天正10年（1582年）。神社の背後にあり、対立する武田勢が支配する賤機山《しずはたやま》城を攻める際、家康は「神社が戦闘に巻き込まれて焼失したら必ず再建する」と誓った。実際焼失し、天正14年に浜松城から駿府城に居城を移すと再建に着手する。

3度目の縁は慶長12年（1607年）から死去までの10年間。将軍職を三男・秀忠に譲り、大御所政治を行う場所として「故郷のように感じる」駿府を選んだ。その際、天下太平、五穀豊穣を祈願して稚児《ちご》舞《まい》を神社に奉納し、以来、神社は歴代将軍の祈願所となった。

「少年時代を『東国の京』で過ごしたことが家康の人格、識見に与えた影響は大きいと思います。もう一つ大事なのは富士山だと思います」

静岡浅間神社を構成するひとつである浅間《あさま》神社は、富士山をご神体とする富士山本宮浅間大《ふじさんほんぐうせんげんたい》社《しゃ》から分祀された神社で、家康も富士山信仰を抱いていた。

天正18年（1590年）、豊臣秀吉に警戒された家康は関東に国替えさせられ、江戸城に入った。だが、江戸は三河などより富士山に近く、後には富士山信仰が広まる場所だ。

「家康はきっと〝富士山が見えるから大丈夫〟と、自分の未来に前向きになれたのではないでしょうか」

駿府、静岡浅間神社、そして富士山。それらとの深い縁が天下人を生んだのである。

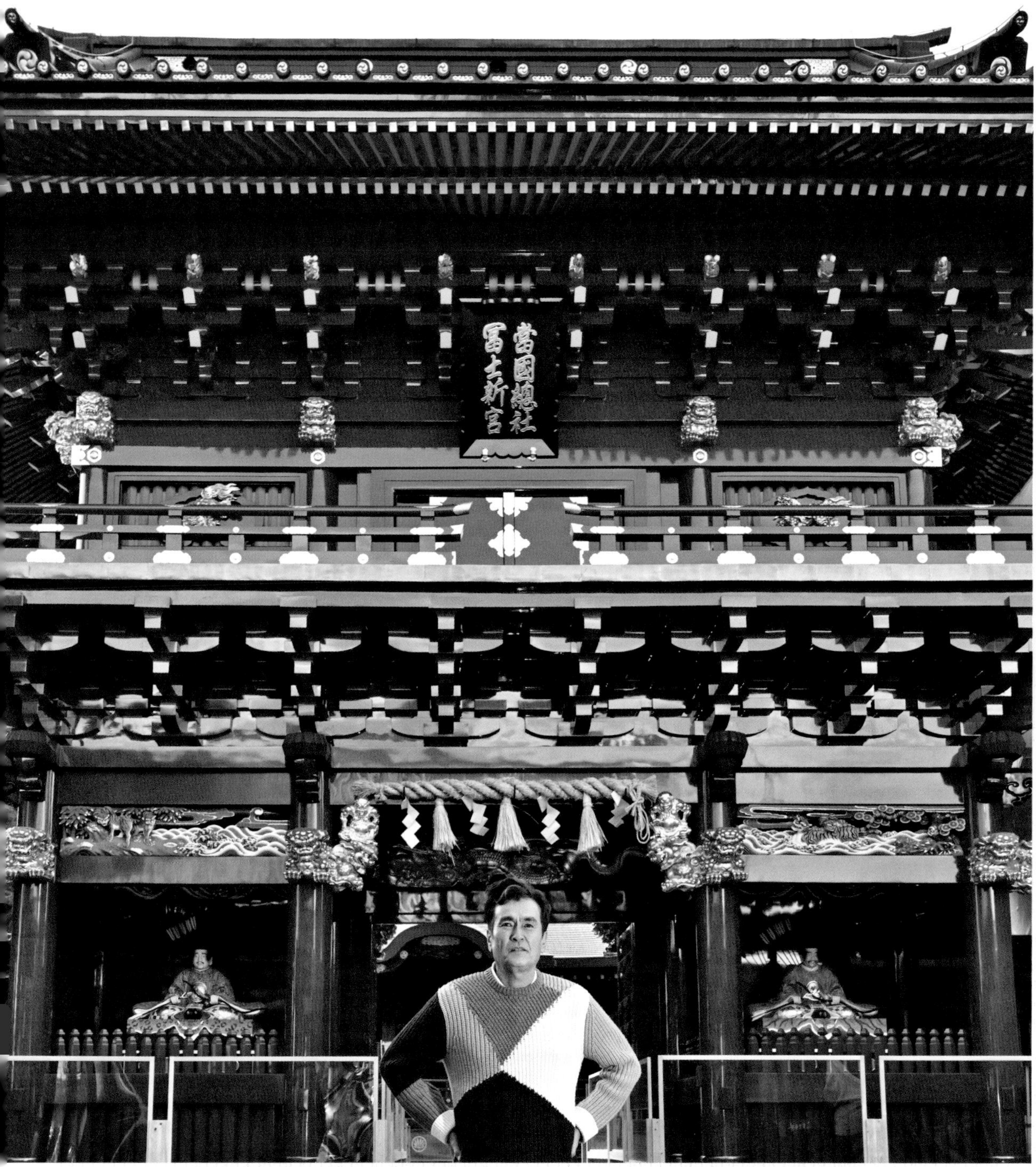

26の社殿すべてが国の重要文化財で、ほとんどが家康を祀る日光東照宮などに倣った総漆塗り。
現在20年かけて漆を塗り替え中で、写真の楼門は令和2年（2020年）秋に完了したばかり

接合された神部神社と浅間神社の本殿

各所に極彩色の彫刻が施されている

龍潭寺《りょうたんじ》

徳川四天王の一角を占めた名門・井伊家の千年史

当主が座る書院。ここから庭園越しに
井伊家墓地を眺めるので「遥拝の庭」という

◀JR浜松駅

【住所】静岡県浜松市北区引佐町井伊谷1989
【電話】053-542-0480
【アクセス】JR浜松駅下車後、遠鉄バス「浜松駅」15番乗り場から「44 伊平行」に乗り「井伊谷宮前」下車、徒歩約3分
【入場料】大人500円、小・中学生200円
【営業時間】9時～16時30分
【休業日】8月15日、12月22～27日

２０１７年のＮＨＫ大河ドラマ『おんな城主 直虎』で広く一般に知られるようになった井伊家。

「徳川幕府成立に大きく貢献して〝徳川四天王〟の一人に数えられた直政、幕末に開国を進めて暗殺された大老・直弼《なおすけ》が歴史好きには馴染み深いですね。僕は30年ほど前、テレビの時代劇で直政を演じたことがあるのでなおさらです」(『戦国最後の勝利者！・徳川家康』１９９２年・テレビ朝日系)

その井伊家の菩提寺が天平５年(７３３年)創建と伝わる龍《りょう》潭寺《たんじ》で、参道の先、田圃の中の井戸に初代・共保《ともやす》の出生伝説が残る。寛弘７年(１０１０年)元旦、当時境内にあった八幡宮の神主が神田の中の井戸に生まれたばかりの男の子を発見。男の子は浜名湖畔の志津城城主・藤原共資《ともすけ》の養子となり、成人後、出生の地の井伊谷に戻って井伊氏を称した。共保は亡くなると龍潭寺に葬られ、寺は井伊氏の菩提寺となった。

「寺の北に居城の井伊谷城があり、後に寺はその出城的な存在になったそうです。山門から本堂までの道が折れ曲がり、所々石垣があるなど、確かに軍事色を感じます」

遠江の有力国人領主となった井伊氏は、南北朝時代の一時期、後醍醐天皇の皇子・宗良《むねよし》親王を迎え、南朝方として活躍。戦国時代に22代直盛のとき力をつけ、今川義元が織田信長と戦った桶狭間の戦い(永禄３年＝１５６０年)に義元を支える有力武将として参戦した。だが直盛は戦死、２年後に養子である直親が殺され、後継が直親の嫡男で２歳の直政だけとなった。

その３年後、城主として井伊家をつないだのが直盛の娘で、龍潭寺に出家していた直虎。そして直虎らは、15歳になった直政を浜松城主だった徳川家康に出仕させる。直政は関ヶ原の戦いの恩賞で佐和山藩主となり、その死後彦根城が完成すると彦根藩が立藩され、やがて譜代筆頭となって大老４人を輩出する。

武田信玄と家康・信長連合が戦った三方ヶ原の戦い(元亀３年＝１５７２年)後、寺は信玄に焼かれた。井伊家の寄進で本堂が再建されたのは延宝４年(１６７６年)で、今もそれが残る。伽藍の多くは井伊家に関係し、歴代当主は必ず寺にお参りした。龍潭寺という寺号は直盛の戒名から取った。

「龍潭寺では、井伊家千年の歴史はもちろん、中世から近世までの日本の歴史を実感できます」

周囲の地形もほぼ中世のままだという。ここには歴史が凝縮されている。

2021年8月撮影

直政の次男で、彦根井伊家第2代当主・直孝の依頼で高名な大名茶人小堀遠州（近江小室藩主）が作庭した庭園。国指定名勝

「井伊家御霊屋」には歴代当主や直虎らの位牌が祀られている

井伊家墓所。中央右が共保、左が直盛。左列奥から2つ目が直虎

初代共保の出生伝説がある井戸。周囲は当時、八幡宮の神田だった。井戸脇に橘《たちばな》が生え、丸に橘と井桁が家紋になった

大樹寺《だいじゅじ》

若き日の家康が胸に刻んだ天下泰平への「覚悟」

天文4年（1535年）建立の多宝塔。室町時代末期の手法を伝えている。国重要文化財

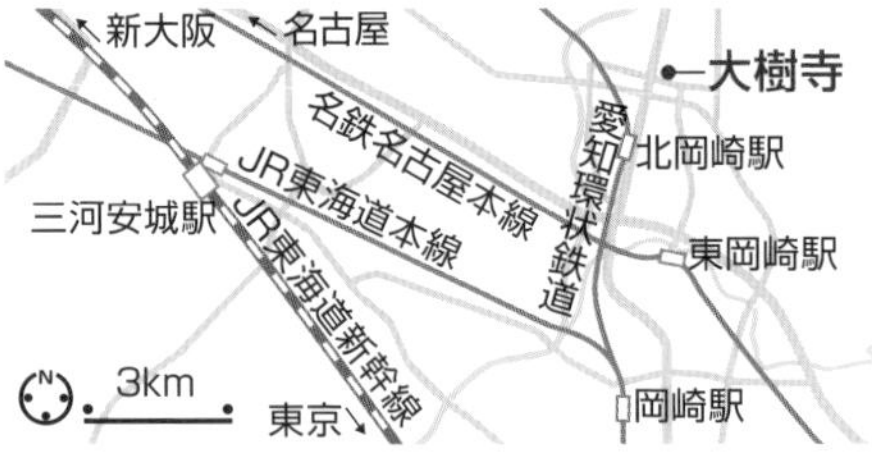

◀JR三河安城駅

【住所】愛知県岡崎市鴨田町広元5-1【電話】0564-21-3917
【アクセス】名鉄名古屋本線「東岡崎」より
バス「大樹寺」下車、徒歩約7分
【入場料】宝物殿・大方丈拝観／大人500円、
障がい者400円、小中学生300円、幼児無料
団体割引（15名以上）400円／人
【営業時間】9時～16時30分（受付は16時まで）
※拝観時間変更の場合あり
【休業日】無休

永禄3年（1560年）の桶狭間の戦いで今川義元が討ち死にし、今川軍は総崩れになった。

今川方の武将で、尾張の大高城にいてそれを知った家康（当時の名前は松平元康、数え19歳）は、織田勢の追撃を逃れるため、三河の大樹寺へと20数キロの道を急いだ。寺は松平家の4代親忠（家康の5代前）が文明7年（1475年）に建立した松平家の菩提寺で、小高い丘の上に立つ大寺院である。

「危機の最中、家康は自分のルーツの地で先祖のご加護にすがりたいと思ったのではないでしょうか。よほど必死だったに違いありません」

と、石原さんは想像する。

近臣わずか18名と大樹寺に逃げ込み、安堵したのも束の間、寺は多くの敵兵に囲まれてしまう。観念した家康は先祖の墓前で自害を決意した。

そのとき寺の住職・登誉《とうよ》天室が「名将ほど命を重んずる」と家康を諭し、仏教の教え「厭離穢《おんりえ》土《ど》欣《ごん》求《ぐ》浄《じょう》土《ど》」を授けた。穢れたこの世界を厭い離れ、浄土を願い求める。家康は生を選択し、登誉上人は寺僧500名を集めて戦わせ、敵を追い払った。

江戸幕府の公式史書『徳川実紀』や寺の寺伝はそう伝える。

「その後、家康は『厭離穢土欣求浄土』の旗を掲げて戦陣に臨むようになったという話もありますね」

家康は元和2年（1616

家康の位牌。寛永5年（1628年）の13回忌に九男で初代尾張藩主徳川義直が調進した

本堂前から山門、総門（現・大樹寺小学校南門）を通して3キロ南の岡崎城天守を望む歴史的景観「ビスタライン」（通称）

2023年3月撮影

寛永年間に新造された伽藍の多くは安政2年（1855年）の失火で焼失。現在の寺の入口である山門などわずかな建造物が焼失を逃れた

寺の怪力僧祖洞和尚が振りかざして織田方の兵を追い払ったという総門の貫木《かんぬき》は、「貫木神」として祀られている

寺に祀られる「木造東照大権現坐像」。正保4年（1647年）作と推定される

年）に逝去。死の2週間ほど前、病床の家康は側近の武将や僧を前にしていくつかのことを遺命した。「遺体は駿河久能山に葬る」「葬礼は江戸増上寺で行なう」ことと並び、「位牌は三河大樹寺に立てる」こともそのひとつだった。その数日後には2代将軍秀忠とともに大樹寺の住職・暹誉《せんよ》魯道を引見している。

「家康にとって大樹寺がいかに大切だったかがわかります」

寺は松平家だけでなく徳川家の菩提寺にもなって寺格は高まり、代々の将軍の等身大の位牌が祀られるようになり、造営修理も幕府の手で行われた。3代将軍家光の時代には本堂以下58もの伽藍を新造する「寛永の大造営」がなされた。

「家康は決して泰然自若と構えて天下を取ったわけではなく、実は波瀾の連続の人生を送り、その都度悩み、動揺もしていたことがわかります。その最初の大きな波瀾を象徴するのが大樹寺でした」

まさにここに天下人の原点がある。

参考文献／『大樹寺の歴史』（著・新行紀一、大樹寺）

苗木城《なえぎじょう》

巨岩を石垣に利用した「絶景の山城」

大矢倉跡。自然の岩盤と一体化した石垣の上に三層の櫓が乗っていた

◀JR名古屋駅

【住所】岐阜県中津川市苗木
【電話】0573-66-8181（中津川市苗木遠山史料館）
【アクセス】JR中津川駅から北恵那交通バス「苗木」下車 徒歩約30分
【入場料】無料 ※史料館は一般330円、中学生以下無料
【営業時間】9時30分～17時
【休業日】毎週月曜日（祝祭日の場合はその翌日）、12月27日～1月5日
※【営業時間】と【休業日】はいずれも史料館

「おお、これは凄い！」

山肌に岩盤と石垣が剝き出しになった苗木城の姿が眼前に現われると、石原さんは感嘆の声を上げた。

「空中に浮かぶ岩の要塞のようにも、切り立つ山に建つヨーロッパ中世の修道院のようにも見えますね。〝絶景の山城〟として、人気を誇るだけのことはあります」

信濃国との境、美濃国恵那郡を支配する武家・遠山氏の一族が、大永6年（1526年）に木曽川沿いの標高432メートル、川からの比高170メートルの高森山に築いた（築城年には異説あり）。

中山道、飛騨街道に近い要衝の地ゆえ、戦国時代には有力武将の勢力争いの舞台となった。武田信玄傘下から織田信長側に変わり、本能寺の変の後は豊臣秀吉についた森長可《ながよし》に奪われるも、関ヶ原の戦いの直前、徳川家康の庇護を受けた遠山氏が奪還した。

そうしためまぐるしい経緯を経て、江戸時代に苗木藩として立藩した。戦国時代は山頂に砦がある程度だったと思われるが、江戸時代前期に石垣が組まれ、山頂から山麓まで三層の天守を始めとする多くの建物や櫓、門が整備された。

建造物としての苗木城には2つの大きな特徴がある。ひとつは自然の岩盤、巨石と石垣が一体化していること。高森山は硬い花崗岩から成る岩山で、その隙間を埋めるように石垣が組まれた。もうひとつは建物の多くが懸造《かけづくり》であること。京都の清水寺本堂のように、平地が少ない急峻な山肌に建築するための手法で、斜面に張り出して床を作り、その上に建物を建てる。

「明治維新後にすべての建物は解体されてしまいましたが、小さな山の中に藩主住居、台所、書院、武器蔵から果ては牢屋に至るまで跡が残り、当時の様子が想像できます」

苗木藩は石高1万、年代によって増減するが概ね家臣140人、足軽60人の小藩。その約3分の1が江戸詰めで残りがここに住んだ。江戸時代、3万石未満は城を持てなかったが、苗木藩は例外的に城を持ち、しかも一度も領地替えがなかった。

山頂では360度の眺望が開ける。秋の夕暮れ、木曽川の川面は黄金色に輝き、晩秋の早朝、岩の要塞は白い雲海に浮かぶ。

「人々はどのような思いで太平の世になってもこの城を守り、ここに住み続けたのでしょうか。人の賑わいから隔絶された絶景の中に身を置くと、そんなことを想像してみたくなります」

絶景の山城は一瞬にして過去にタイムスリップさせてくれる。

2021年10月撮影

本丸から三の丸の大矢倉跡を見下ろす。藩の財政は窮乏して壁に漆喰を塗る余裕がなく、赤土が剥き出しだったため「赤壁城」とも呼ばれた

天守跡からの眺望。木曽川を見下ろし、恵那山を見晴るかす

上空からの眺めは世界遺産マチュピチュにもたとえられる

藩主住居や家臣が集まる書院があった二の丸跡。城内の中心部

馬を乗せて体を洗ったと伝わる周囲約45メートルの巨岩「馬洗岩」

竹《たけ》中《なか》氏《し》陣《じん》屋《や》

秀吉を支えた〝名軍師〟竹中半兵衛の本拠地

竹中氏陣屋跡に建てられた竹中半兵衛の銅像

2022年10月撮影

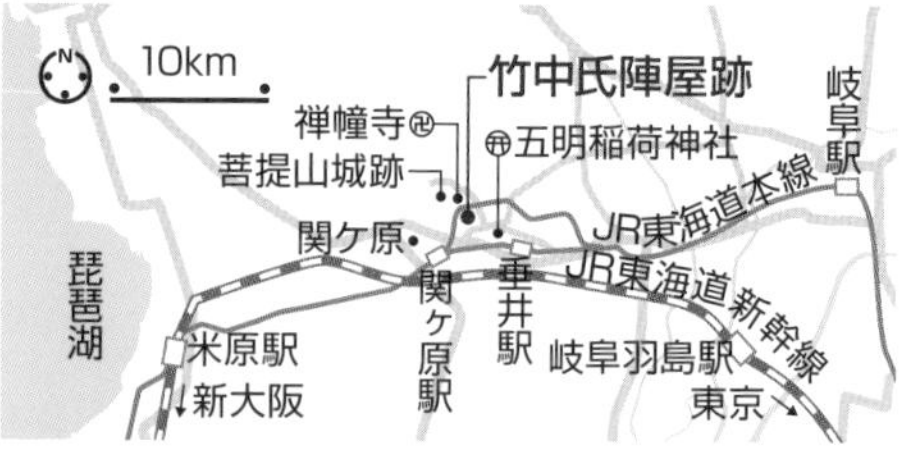

◀JR岐阜羽島駅

【住所】岐阜県不破郡垂井町岩手619-2
【アクセス】JR東海道線垂井駅より車で約8分（約3.8km）
【電話】0584-23-3746（タルイピアセンター）
【入場料】無料
【営業時間】24時間
【休業日】なし
※データは「竹中氏陣屋跡」のもの

「竹中重治（通称・半兵衛）は黒田孝高《よしたか》（通称・官兵衛）とともに豊臣秀吉を支えた名参謀で、数々の逸話が残っていますね」

と、石原さん。

若き日、主君斎藤龍興（道三の孫）の居城・稲葉山城（後の岐阜城）を電撃作戦で奪ったが、それは龍興を諫めるためだったので半年後に返還した。その後、秀吉（当時の姓は木下）に三顧の礼で迎えられると、姉川の戦い（元亀元年＝１５７０年。織田・徳川連合対浅井・朝倉連合）などで的確な策を授け、調略にも活躍。信長が秀吉に行なわせた中国攻め（対毛利戦）ではますます「天才軍師」ぶりを発揮した……。

「しかし、逸話のほとんどは、『太閤記』など江戸時代に人気となった秀吉の出世物語を彩るキャラクターとして脚色、創作されたもので、実像はほとんどわかっていないそうですね」

半兵衛は天文13年（１５４４年）、現在の岐阜県揖斐郡で土豪の家に生まれた。大きな転機は永禄元年（１５５８年）、父・重元《しげもと》（「しげちか」と読む説もあり）が岩手《いわで》（現在の岐阜県不破郡垂井町）を攻略し、翌年に西美濃最大級の菩提山城を築いて拠点としたことだ。城は近江との境に位置し、濃尾平野に面して近くを中山道が通り、南西に東西の結節点・関ヶ原がある。

「そうした情報の行き交う戦略上重要な場所に育ったことが、半兵衛の武将としての性格に影響したことは間違いなく、調略に長じるようになったとしても不思議ではありません」

信憑性が高い逸話もある。中国攻めの最中、敵に幽閉された黒田官兵衛が寝返ったと思い込んだ信長が、官兵衛の嫡男・松寿丸（後の52万石の大名・黒田長政）の処刑を命令。だが、官兵衛を信じる半兵衛に匿われたことで松寿丸は生き延びた。そのため黒田家は代々、竹中家に感謝する儀式を続けてきた。

天正7年（１５７９年）、半兵衛は中国攻めの陣中で病死する。享年36、嫡男・重門はまだ数え7歳である。

「『天才軍師』として信長や秀吉の天下統一を見られなかった無念さより、棟梁として竹中家の将来を心配する気持ちの方が強かったのではないでしょうか」

重門は関ヶ原の戦いに東軍の黒田長政軍として参戦し、竹中家は江戸時代を通じて５０００石の旗本として岩手に君臨した。

「岩手の地に来ると、華々しい個人の逸話ではなく、時代を生き抜いたリアルな家の歴史が見えてきます」

陣屋跡や菩提寺の墓がそのことを無言で語りかけてくる。

半兵衛の嫡子・重門が江戸時代初期（正確な年月は未確定）に菩提山城の麓に建てた陣屋の跡地に残る白壁の櫓門

標高401メートルの菩提山からは大垣城、岐阜城が見える

半兵衛の墓（手前）。右隣の覆いのある墓は父・重元のもの

菩提寺の禅幢寺に並ぶ竹中家歴代当主らの墓

禅幢寺《ぜんどうじ》本堂屋根の家紋「九枚笹」

関《せき》ヶ《が》原《はら》古《こ》戦《せん》場《じょう》

「天下分け目」の地で武将に思いを馳せる

◀JR米原駅

【住所】岐阜県不破郡関ケ原町
【電話】0584-43-1112（関ケ原町地域振興課）
【アクセス】JR「関ケ原駅」から徒歩20分
【入場料】無料
【営業時間】24時間
【休業日】無休

「天下分け目の戦いの舞台は意外に狭いという印象です。これなら互いの動きがよく見えたのでしょうね」

関ヶ原は東西4キロ、南北2キロの盆地である。その西北に位置する標高200メートルほどの笹尾山から盆地を一望した石原さんが話す。

420年余り前の1600年（慶長5年）9月15日に行なわれた決戦の地を敗れた石田三成の視点で歩いてみた。あの日、三成は笹尾山に陣を敷いていた。決戦の地には東西両軍合わせて15万の兵が集まったとされる。

「武将や兵の鬨《とき》の声、甲冑の音、馬のいななき、槍の音、鉄砲の号砲……三成はどんな思いでそうした音を聞いたのかと想像すると、自然と心高ぶります」

慶長3年（1598年）8月に豊臣秀吉が死去して以降、徳川家康が力を増大させると、古くからの秀吉の家臣で、秀吉亡き後の豊臣政権を支えた一人、三成が反発し、慶長5年7月に挙兵した（西軍の名目上の総大将は毛利輝元）。

当初三成は尾張・三河の国境を決戦の舞台に想定していたが、西軍が前哨戦で敗退して前線が後退。三成が本拠地としていた西濃の大垣城で籠城戦を戦うつもりも、城攻めは不利と見た家康側に誘い出されて関ヶ原での野戦に持ち込まれたとされる。

関ヶ原は中山道、北国街道、伊勢街道が出合う東西の結節点で、「古代史上最大の内乱」と言われる壬申の乱（672年）の舞台にもなった。今も東海道本線、東海道新幹線、中山道、名神高速道路が通る。

「東海道新幹線に乗って通るとよくわかりますが、関ヶ原は西が緩やかな丘陵で東が低地。西を中心に陣を置き、東の東軍を

決戦地。午前8時頃に始まった戦闘は正午頃まで一進一退の攻防が続いていた

石田三成が陣を敷いた笹尾山。前日夜半に大垣城を出発し、当日午前1時頃に布陣

2017年10月撮影

開戦地。垂れ込めていた霧が晴れ始めて視界が開けると、東軍の松平忠吉、井伊直政隊が西軍の宇喜多秀家隊に発砲し、歴史的な戦が始まった

標高約200メートルの笹尾山からは敵、味方の布陣が一望できた。陣形的に有利な西軍が勝ってもおかしくなかった

決戦地周辺は420年前も今と変わらない田園風景が広がりのどかな田園の中で東西両軍の兵が入り乱れて戦った

囲む『鶴翼の陣』を敷いた西軍が陣形的には有利で、三成も勝てると思っていたはずです」

実際、戦いは西軍優勢で始まった。ところが、西軍には傍観したままの部隊がいたばかりか、大軍を率いていた小早川秀秋が東軍に寝返って味方を攻撃。それを境に戦況は大きく傾き、わずか半日で決着がついた。家康側の事前の調略が功を奏したとされる。敗走した三成は捕縛され、後日、京都六条河原で処刑された。

関ヶ原は江戸時代に宿場として賑わい、明治以降は昭和の終わりまで紡績業で栄えた。だが、大規模な開発が行なわれなかったため、地形はほぼ関ヶ原の戦い当時と変わらず、今も残る田園風景の中に開戦地、決戦地、東西2つの首塚、三成、家康を始めとする各武将の陣跡、墓碑など多くの史跡が点在している。

「それぞれの史跡に立ち、それぞれの武将の思いを想像するのも楽しいですね」

歴史好きにはたまらない場所だ。

八幡山城《はちまんやまじょう》

天下人の後継者から暗転 豊臣秀吉の甥・秀次の悲劇

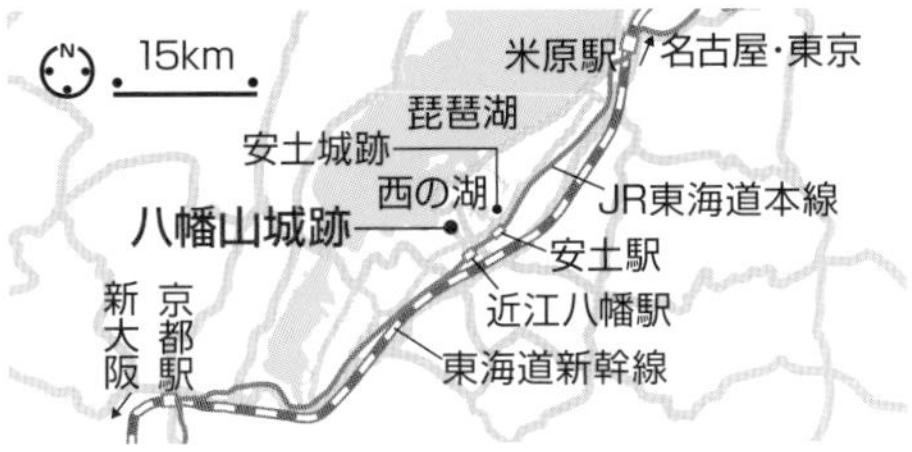

◀JR米原駅

【住所】近江八幡市宮内町 他
【電話】0748-33-6061（近江八幡駅北口観光案内所）
【アクセス】JR琵琶湖線「近江八幡」下車、バス約7分「大杉町」より徒歩約5分でロープウェイに乗り換え「八幡山頂駅」下車すぐ
【入場料】無料
【休業日】なし

谷筋の急峻な大手道を10分ほど登ると、突如として見上げるような石垣が現れた。

「これを目の前にすると、八幡山城がまさに戦国の山城だったことを実感しますね」

と、石原さんが唸った。

石垣奥の6000㎡もの削平地に豊臣秀次の居館が、その下に大手道を挟んで雛壇状に家臣団の屋敷があった。山頂主郭部は、二の丸虎口から本丸への道を5回も屈曲させるなど防御を強く意識した造りになっている。

秀次は永禄11年（1568年）、豊臣秀吉の姉の長男として生まれ、秀吉の政略のために2度有力武将の養子に出された。天正13年（1585年）、秀吉の四国攻めで中心的な役割を果たすと近江に43万石を与えられ、琵琶湖東岸の八幡山に城を築いた。

「当時は京に近い琵琶湖周辺を押さえることが戦略上重要でした。八幡山城はまだ数え18歳、伸びゆく秀次に相応しい城だったのではないでしょうか」

天正18年（1590年）、秀吉が関東の後北条氏を滅ぼすと、秀次は尾張を中心とする東海道に115万石余りを領有する大大名となった。

ところが翌年、秀次の人生を激変させる出来事が起こる。

秀吉を補佐していた弟・秀長と、側室・淀殿との間の嫡男・鶴松が相次いで病死。子宝に恵まれない秀吉が将来を託す唯一の身内となった秀次は、秀吉の養子に迎えられて家督を譲られ、関白に昇進したのである。もっとも実権は秀吉が握っていた。

当初2人の関係は平穏だったとされるが、2年後、波瀾を予告する事態が発生する。淀殿が幼名「拾《ひろい》」、後の秀頼を産んだの

八幡山の南麓に整備された八幡公園内に立つ秀次の銅像（昭和54年建立）。粗暴な性格とされ「殺生関白」とも称されたが、一方文芸への関心も高く、古典籍の蒐集なども行なった

山頂の主郭部は総石垣作りで、今も各所に石垣が残る。写真は本丸西側のもの。昭和36年、本丸跡地には秀次の菩提寺である瑞龍寺が京都村雲から移築された

2022年11月撮影

西の丸から琵琶湖を望む。当時南側以外を琵琶湖の内湖（多くが戦後干拓された）に囲まれた八幡山は、琵琶湖に突き出た半島のようだった

山の南麓に城下町が広がる。左上の西の湖の先に安土城跡

秀次館跡の石垣。秀次の馬印を図案化した金箔瓦も出土

である。57歳の秀吉は驚喜した。

「秀頼を自らの後継と考える秀吉と秀次が対立したとしても不思議ではありません」

文禄4年（1595年）5月には、真偽不明の「秀次による秀吉謀殺計画」が秀吉の重臣・石田三成に密告される。そこまで高まっていた緊張を背景に「秀次事件」は起こった。

7月に入ると突然、秀次は秀吉によって、弁明も許されずに関白職を剥奪され、高野山行きを命じられ、自害に追い込まれたのだ。秀次の家臣ら10人余りが連座し、妻子ら30人余りが洛中引き回しの末に三条河原で処刑され、八幡山城は徹底的に破却された。

「天下人の近親であるがゆえに後継に取り立てられ、近親であるがゆえに死に追い込まれる。まさに天下人に翻弄された人生です。八幡山城も秀次事件がなければ名城として残ったかもしれません。悲劇の城です」

八幡山城時代が、秀次にとって最も幸福だったのかもしれない。

方広寺《ほうこうじ》

鐘銘《しょうめい》事件と「京都の大仏」

「国家安康」「君臣豊楽」の文字は明治時代に貝殻から作った顔料で白く彩色された

◀JR京都駅

【住所】京都市東山区正面通大和大路東入ル茶屋町527-2
【電話】075-561-7676
【アクセス】京阪電車「七条駅」下車、徒歩約8分
【入場料】境内無料（本堂等は通常非公開）
【営業時間】9時～16時
【休業日】無休

豊臣秀吉が発願して開かれた方広寺（文禄4年＝1595年創建）。その梵鐘は外径2・8メートル、高さ4・2メートル、厚さ27センチもあり、知恩院、東大寺の梵鐘とともに日本三大梵鐘に数えられる国の重要文化財だ。

石原さんが話す。

「銘文中の『国家安康』『君臣豊楽』に〝家と康を分断して呪詛し、豊臣を君主とすることを願う〟意味があると家康に非難され、徳川と豊臣の対立が決定的となり、大坂の陣の引き金となったことは有名ですね」

現在の方広寺は静かで小さな寺である。そんな場所になぜ、歴史を動かした梵鐘があるのだろうか？

実は、ほとんど忘れられているが、江戸時代の京都には、奈良の大仏（東大寺盧舎那仏像）を凌ぐ巨大な大仏があった。

永禄10年（1567年）、奈良の大仏が戦火で炎上し、本格的に再建されるのは120年以上後。その大仏不在の天正14年（1586年）、新たな大仏の造立を発願したのが天下統一目前の秀吉だ。権勢誇示の一環である。

諸大名を動員して三十三間堂の北側の地で本格的に造立が始まり、文禄4年（1595年）に完成した大仏は高さ約19メートル、大仏殿は高さ約49メートル、桁行約88メートル、梁行約54メートルにも及んだ（数字は諸説あり）。大仏が鎮座する寺は人々から「大仏」「大仏殿」などの名で親しまれ、江戸前期からは「方広寺」とも呼ばれた。現在の敷地だけでなく、南側の秀吉を祀る豊国神社や京都国立博物館の敷地、三十三間堂、東側の妙法院をも寺領に組み入れた広大な寺だった。

だが、完成翌年の地震で木造

2022年10月撮影

（上）大仏殿の風鐸（寺のお堂などの四隅に飾りとして吊り下げる鐘形の鈴）が残っている（左）梵鐘の重さは82.7トン。鐘銘事件後、梵鐘は敷地内に捨てられ、明治17年に鐘楼が再建されて吊された（下）現在の本尊盧舎那仏坐像。かつての大仏の高さ約10分の1のスケールとされる

の大仏が倒壊。慶長3年（1598年）に秀吉が死去すると後嗣・秀頼が銅造での再建を図るが、造営途中の出火で大仏と大仏殿が焼失。その後、新たな天下人となった徳川家康の勧めもあって秀頼が銅製で再建を始め、慶長17年（1612年）に完成する。

そして、2年後に梵鐘が完成し、あとは家康の承認を得て開眼供養を待つだけとなったとき、「鐘銘事件」が起きた。

「家康は豊臣の財力を削ぐために大仏の再建を勧めたと言われていますね（異説あり）。銘文に対する非難はただの難癖という解釈と、正当な理由があるとする解釈があるそうです」

いずれにせよ、大坂の陣によって豊臣家は滅亡した。方広寺の東に位置する阿弥陀ヶ峰に建てられた豊国廟（秀吉の墓所）と豊国神社は家康によって破壊された。

「方広寺とその周辺には知られざる『秀吉の京都』があります」

そこには豊臣の栄華と悲劇が凝縮されている。

本能寺《ほんのうじ》

何故、信長はあの日いたのか

織田信長の肖像画。大寶殿で常設展示

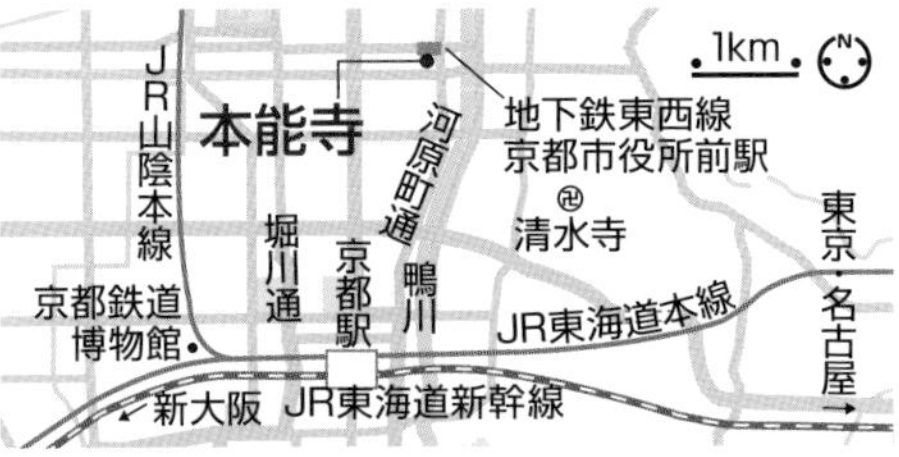

JR京都駅

【住所】京都市中京区寺町通
御池下ル下本能寺前町522
【電話】075-231-5335
【アクセス】地下鉄東西線「京都市役所前駅」すぐ
【入場料】境内無料（大寶殿は一般500円など
別料金。特別展開催期間中は異なる）
【営業時間】6時～17時
【休業日】無休

天正10年（1582年）旧暦6月2日未明、織田信長が重臣・明智光秀の謀反にあい、斃《たお》れた。この本能寺の変は光秀の動機も確定できないなど日本史最大の謎のひとつだ。

「そもそも本能寺とはどんなお寺で、あの日なぜ信長は本能寺にいたのでしょうか」

と、石原さんが話す。

本能寺は応永22年（1415年）創建の法華宗本門流の大本山で、天文14年（1545年）に現在の中京区四条西洞院に120㍍四方（広さは諸説あり）の寺領を得た。当時、寺領内の子院は30以上、畿内以外にも末寺を持つ一大教団を築いていた。

信長は永禄11年（1568年）に足利義昭を奉じて上洛して以降は毎年1回から複数回上洛し、おもに妙覚寺（日蓮宗の本山）や公家の屋敷などに宿泊した。本能寺を初めて利用したのは元亀元年（1570年）で、この年2回宿泊し、次が天正9年（1581年）、そして4回目が天正10年だった。

日本最大の貿易都市・堺や鉄砲が伝来した種子島にも末寺を持つ本能寺と関係を持つことで、鉄砲や火薬の原料が入手しやすくなったと見る説がある。

「戦乱の時代の大寺院は周囲に堀と塀を巡らすなど半ば城塞化していました。とはいえ、当時の居城・安土城から小姓20～30人と警護の武士150人ほどしか連れてこなかったのは、信長に油断があったからでしょうか」

上洛の目的は朝廷から征夷大将軍任官を打診されていたことに返答し、山陽道、山陰道を支配する毛利氏との戦に出陣するためだった。6月1日、信長は豪商、公家らと本能寺で茶会を開き、安土城から持参した有名な茶器を披露した（茶会は2日以降に開く予定だったとする説もある）。茶会の後には寂光寺（顕本法華宗の本山）の塔頭《たっちゅう》本因坊の僧で、囲碁の名人が別の名人と対局したとも伝わる（これは後世の創作説が強い）。

「その対局で極めて珍しい局面が現れたとか、『三足の蛙』という香炉が突然鳴いたといった言い伝えがあり、不吉な予兆だったとされているそうですね」

夜が更けて信長は床についた。光秀の軍勢が本能寺を取り囲んだのはそれから間もなくだ。

変の後、寺は再建を進めたが、10年後、豊臣秀吉の命令を受けて今ある寺町通の地に移転した。旧本能寺の周辺は住宅や商業ビルが建ち並び、その一角にひっそりと石碑が建つ。

「今の本能寺にある信長の墓を見ていると、紅蓮の炎に包まれた姿を想像したくなります」

信長の無念が見えるようだ。

2020年11月撮影

人払いされていた本能寺の僧侶から犠牲者は出なかったが、多くの小姓や武将が亡くなった。
本能寺の変は京を震撼させ、その年の祇園祭は延期となった

「信長公廟」にある信長の墓。本能寺の変の1か月後、三男・信孝の命で建立され、変の10年後、京の改造を進める秀吉の命で寺とともに墓も移転された。愛用の太刀が埋葬されているという

「三足の蛙」。中国から輸入されたと思われる銅製の香炉で実は蛙ではなく中国古代の幻獣。高さ8.5センチ、長さ14センチ。寺院内の大寶殿で常設展示されている

参考文献／『宿所の変遷からみる　信長と京都』（著・河内将芳、淡交社）

鞍馬寺《くらまでら》

〝霊山〟の源義経伝説

山門をくぐって約5分、義経が稚児として預けられた僧坊跡に建つとされる義経公供養塔（1940年建立）。自らの出自を知る前、義経はここで学問に励んだとされる

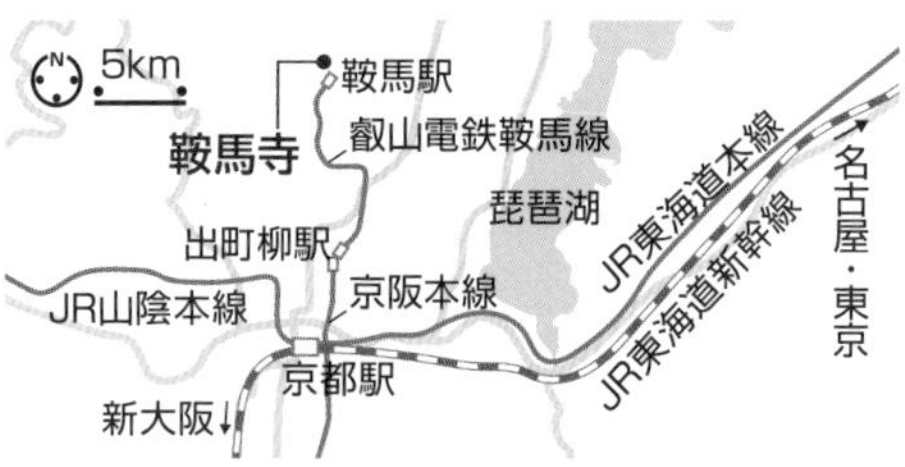

◀JR京都駅

【住所】京都市左京区鞍馬本町1074番地【電話】075-741-2003
【アクセス】京都市営地下鉄烏丸線で「国際会館」駅下車
バス停「国際会館駅前」から京都バスに乗り「鞍馬」下車
【入場料】愛山費500円。ケーブル寄進（片道）は
大人200円、小学生以下100円
【営業時間】9時～16時15分
【休業日】無休
霊宝殿（鞍馬山博物館＝入館料200円、9時～16時）は火曜休館

「鞍馬について知っていくと、霊山として崇められてきたことが納得できます」

鞍馬山の中腹にある鞍馬寺本殿の前に立った石原さんが言った。京の都の北に位置する鞍馬山は古来北方の守りであり、平安時代初期の建立とされる鞍馬寺のもともとの本尊は北方の守護神毘沙門天。あたりは平安京に流れ込む川の水源地でもある。

その鞍馬山で幼少期を過ごしたとされるのが源義経だ。平治の乱（平治元年＝1159年）で源義朝が平清盛に敗れて殺害されたが、乳飲み子だった九男・義経は何も知らずに育ち、7歳のとき義朝と縁のある鞍馬寺の稚児となった。そして15歳のとき、自らの出自を知って平家追討を決意し、夜ごと山中奥深くに棲む天狗を相手に武芸の修業に励んだ――。『義経記《ぎけいき》』（南北朝～室町時代初期に成立した軍記物）などで語られる義経伝説だ。

義経がいたのは人里離れた山奥と思いがちだが、実際の鞍馬からは違う印象も湧いてくる。山麓の山門前を通る鞍馬街道は平安京と丹波、若狭を結ぶ重要な街道であり、鞍馬山のひとつ南の小さな山の向こうには都の光景が広がっている。

「当時の人々にとっても鞍馬は都にほど近く、人と情報が行き交う要衝の地だったそうです。義経が源氏の郎党などから自分の出自だけでなく、世の趨勢《すうせい》を教えてもらっていたとしても不思議ではありません」

16歳のとき義経は、平家の支配が及ばない奥州藤原氏を頼って山を出た。そして治承4年（1180年）、源氏の嫡男で異母兄である頼朝が伊豆で挙兵すると馳せ参じ、生まれて初めて対面する。以後、一ノ谷、屋島、壇ノ浦などの戦いで英雄的な活躍を見せた。だが、平家を滅亡させたあと頼朝の不信、反感を買い、朝敵とされて捕縛の命が下され、31歳のとき自害に追い込まれてしまう。その非業の死が人々の同情を呼び、「義経＝チンギス・ハン」説（生きて大陸に渡り、チンギス・ハンとなったという説）に至るまで、さまざまな伝承、伝説を生んだ。

「霊山と要衝の地という両面を持つ鞍馬は、義経が育つべくして育った場所。平治の乱のあと義経を生かしておいた平家は後悔してもしきれないでしょう」

頼朝との対面で初めて歴史の舞台に登場する以前の義経については具体的なことはほとんど不明だ。「それだけに想像力をかき立てられます」と石原さん。鞍馬山の鬱蒼とした杉林の向こうに跳躍する牛若丸が見えてくるようだ。

2021年3月撮影

山門前。寺は長らく天台宗系の寺院だったが、戦後すぐに独立して「鞍馬弘教」総本山となった。山内各所に義経ゆかりの史跡が点在する。山の奥に棲むとされる天狗が「鞍馬天狗」で、能の演目にもなった

護法魔王尊が安置される魔王殿（1941年再建）。このあたりで義経は天狗と会っていたとされる

鞍馬山南斜面中腹に建つ鞍馬寺の本殿金堂（1971年再建）。正面左の参道を登った霊宝殿の先に義経伝説の場所が広がる

等《とう》持《じ》院《いん》

戦いの人生だった初代将軍 足利尊氏が眠る

方丈（本堂）の裏手にひっそりと佇む尊氏の墓。室町時代のものとされる

◀JR京都駅

【住所】京都府京都市北区等持院北町63番地
【電話】075-461-5786
【アクセス】JR京都駅から京都市営バス10、26系統「等持院南町」下車 徒歩約8分
【入場料】大人500円、子供300円
【営業時間】9時～16時30分（16時受付終了）
※12月30日～1月3日は9時～15時（14時30分受付終了）
【休業日】なし

２３０年余り続いた室町幕府の初代将軍・足利尊氏が開いた足利将軍家の菩提寺・等持院。「そこに建てられた尊氏の墓が意外に小さいことに驚きます」と、石原さんが話す。

古来風光明媚で知られ、数々の和歌に詠まれた洛西の衣笠山。その南麓にある等持院の一角に隠れるように建つ墓は、大人の背丈にも満たない。

尊氏の生涯は戦いの連続だった。鎌倉幕府の有力御家人だったが、後醍醐天皇が倒幕に立ち上がると、反幕府に転じて大きな勲功を上げる。だが、後醍醐天皇の建武政権に反旗を翻して北朝を成立させ、室町幕府を開く。その後も南朝軍と合戦を繰り返し、弟・直義らとも抗争した。

「後醍醐天皇とは単純な対立関係ではなく、崇敬の念を抱いていたと見られていますね」

暦応２年（南朝の延元４年＝１３３９年）に後醍醐天皇が崩御すると、尊氏はその菩提を弔うため臨済宗の高僧・夢窓疎石を開山として嵐山に天龍寺を、戦没者を慰霊するため全国に安国寺と利生塔（仏塔）を建てた。

一方、足利将軍家の菩提寺とするために洛中に建てたのが等持寺だ。延文３年（正平13年＝１３５８年）に尊氏が亡くなるとその別院である等持院に埋葬され、以後歴代将軍の葬儀は等持院で行なわれた（例外ありとの説もある。等持寺は廃寺となって等持院に吸収）。寺には江戸初期の作とされる歴代将軍の木像が安置されている。

尊氏ほど時代の政治状況によって評価が激変した人物は珍しい。江戸初期までは評価が高かったが、水戸藩第２代藩主・徳川光圀が編さんを始めた『大日本史』で南朝正統論が唱えられ、その影響で幕末になると逆賊と非難され、尊攘派の志士が等持院から尊氏、義詮《よしあきら》、義満３代の木像の首を引き抜き、処刑場として有名な京の三条大橋の河原に晒す事件が起きた。明治末にも南朝正統論が沸騰し、あらためて逆賊の烙印を押され、その評価は終戦まで続いた。

世間の見方が大きく変わるのは、人間味豊かに南北朝時代を描いた吉川英治の『私本太平記』を原作とするＮＨＫ大河ドラマ『太平記』（１９９１年）が放映されてからだ（石原さんは南朝についた新田義貞の弟・脇屋義助を演じた）。

等持院には室町時代、江戸時代の趣が残る庭園もあり、ふだんは静寂に包まれている。

「そんな環境の中で静かに眠らせてくれ、と尊氏が言っているような気がします」

墓の小ささは、逆に尊氏の人生の激烈さを物語っている。

2022年1月撮影

歴代足利将軍らの木像が安置された「霊光殿」内部。木像はほぼ等身大。作者不明。　※特別に許可を得て撮影

「霊光殿」脇壇の左側一番奥に安置された尊氏の木像

方丈東側の「心字池」。ほぼ室町時代のままとされる

方丈背面から見る「芙蓉池《ふようち》」。左奥は茶室「清漣亭」

方丈正面と枯山水の庭

今《いま》井《い》町《ちょう》

信長に降伏して繁栄を遂げた商人たちの自治都市

今西家の土間と式台。「お白州」（裁きの場）でもあった

◀JR京都駅

【住所】奈良県橿原市今井町
【アクセス】近鉄大和八木駅より徒歩約15分
【電話】0744-24-8719
【営業時間】9時～17時（最終入館16時30分）
【休業日】年末年始（12月29日～1月3日）
※【電話】【営業時間】【休業日】は
今井まちなみ交流センター「華甍（はないらか）」のもの

「町の底力を感じますね」

代々今井の惣年寄筆頭だった今西家の城郭風の豪壮な建物の中に入り、広い土間に立った石原さんが唸った（「惣年寄」とは、江戸時代に町奉行のもとで町政一般を司った職）。

橿原神宮に近い奈良県橿原市今井町。東西約600㍍、南北約310㍍の地区には、いま全戸数約760のうち歴史的価値のある伝統的建造物が500余り、江戸時代に建築された国の重要文化財が9ある。国が選定する重要伝統的建造物群保存地区として全国最大規模だ。

「地区全体がこれほど江戸時代の趣を強く残す場所は、全国でも珍しいのではないでしょうか」

天文年間（1532～55）に、大坂にある浄土真宗の本山・石山本願寺と大和における拠点・吉野を結ぶ中継地点として今井の地に道場（後の称念寺）が建ち、周辺の農民らを門徒とし、有力商工人らも引っ越してきて、町場が形成された。自衛のため周囲に濠と土居を巡らし、門を設けて出入りを管理し、町民は武装した。

平穏が破られたのは元亀元年（1570年）。天下統一を目指す織田信長と最大の宗教武装勢力となっていた石山本願寺が戦火を交え、今井も挙兵。天正3年（1575年）に本願寺が降伏すると、明智光秀らのとりなしで武装解除する。本願寺はまた蜂起するが、今井は二度と立たなかった。信長から赦免された今井は商工都市として発展を遂げてゆく。秀吉にも庇護され、江戸時代にも警察権を含む幅広い自治権を与えられた。

「信長に抵抗し続けたら、焼き討ちにあっていたかもしれません。そう考えると、降伏を受け入れた今井の人々のしたたかさと先見性を感じます」

最盛期は17世紀半ばから後半。木材、綿、味噌、醤油、酒などが扱われ、一部は大坂や江戸にまで送られた。豪商たちは金融業や両替商も営み、さらに富を築いた。「大和の金は今井に七分」「金の虫干し玄関まで」という言葉が残る。寛永11年（1634年）には独自紙幣の発行を郡山藩から許可された。環濠都市・今井は「海の堺、陸の今井」と並び称された。だが、こうした財力に対して幕府から重税が課されて次第に衰退に向かい、幕末の貨幣制度崩壊、大名旗本への貸し倒れによって豪商たちは甚大な損失をこうむる。

「皮肉なことに、近代化に取り残されたことで、往時の景観が残ったそうですね」

耳を澄ませば、静かな町並みから往時の賑わいの声が聞こえてくる。

2022年7月撮影

中心的な通りのひとつである中町筋。江戸時代のままの道幅は2メートルほど。最盛期の今井町は戸数1000戸以上、人口4000人以上だった

町の中心である称念寺の本堂。重要文化財

今西家（1650年築、重要文化財）と復元された環濠

発行を許されていた独自の紙幣「今井札」。紙半豊田記念館所蔵

物資を運ぶ馬や牛をつなぎとめておくための「駒つなぎ」

信貴山城《しぎさんじょう》

信長に牙を剥いた男 松永久秀「終焉の地」

朝護孫子寺の山内塔頭・玉蔵院の伽藍と名物「日本一大地蔵尊」（高さ14.54メートル）

◀JR新大阪駅

【住所】奈良県生駒郡平群町信貴山2280-1
【電話】0745-44-9855
（NPO法人 信貴山観光協会）
【アクセス】近鉄信貴山下駅から奈良交通バス「信貴山門」ゆき乗車、「信貴大橋」下車 山頂まで徒歩で登山道を約30～40分
【入場料】無料
【休業日】なし

聖徳太子創建と伝わり、「寅のお寺」として有名な信貴山《しぎさん》中腹の朝護孫子寺《ちょうごそんしじ》から九十九《つづら》折りの道を登り、標高437メートルの頂に立つと、眼下には東に奈良盆地、西に大阪平野が広がる。

石原さんが話す。

「初めてこの光景を見たとき、松永久秀は大和支配の意欲を強くすると同時に、自らの来し方を思って感慨深くもなったのではないでしょうか」

大和と河内を隔てる生駒山地南端に位置する信貴山は古代から交通の要衝。天文5年（1536年）、大和を支配した木沢長政が初めて本格的に築城したが、その6年後、三好長慶らとの戦いに敗れて城も焼失する。

永禄3年（1560年）、大和に攻め入って新たに信貴山城の主となったのが、畿内を制圧した長慶の重臣・久秀だ。

父母の名前も不詳という低い身分の出でありながら、この頃には主家と並ぶ権勢を誇り、異例の出世を遂げた下剋上の代名詞のような存在となっていた。戦国の代表的な「梟雄《きょうゆう》」（残忍で勇敢な人物）とも評される。

城は政治的にも軍事的にも久秀の大和支配の拠点となった。この間、天下統一に向かう織田信長の上洛を助け、逆にその支援も得るようになる。

久秀は城郭を大規模に改修した。史料、古絵図、地形調査により、東西550メートル、南北700メートル以上に及ぶ城域に、100を超す曲輪、防御のための多くの切岸、石塁、石積、土塁、堀切などが確認されている。山頂の削平地には居住可能な「天主」（当時の表記）が、そこから少し下った場所に開かれた広大な削平地には久秀や家臣が起居した屋敷があったとされる。

「深山の趣あるこの地に大和国最大級の山城が築かれ、多くの人が住んでいたのかと思うと驚きます」

その後の久秀は20歳以上も若い信長との対立、臣従で揺れ動き、天正5年（1577年）、ついに決裂を迎える。本願寺勢力に対する信長の戦に参加していた久秀は、反信長勢力と連携して戦線から離脱し、信貴山城に立て籠もった。だが、信長が差し向けた軍勢に焼き討ちにされ、追い詰められた久秀は自ら天主に火を放ち、自害したとされる。その猛火は十数キロ離れた興福寺から見えたとの記録が残る。

「自らの最期を覚悟した久秀の目に、山頂から見る眼下の光景はどのように映ったのでしょうか」

落城後、城は廃城となった。

今は静寂に包まれた山中で、久秀の波瀾の人生や壮絶な最期に思いを寄せてみたくなる。

2021年11月撮影

朝護孫子寺の本堂前から見上げる信貴山。戦国期は禿山に近かったとみられる。当時の本堂は天正5年の攻防戦で焼失した

久秀の屋敷があったとされる「松永屋敷跡」。植林は戦後

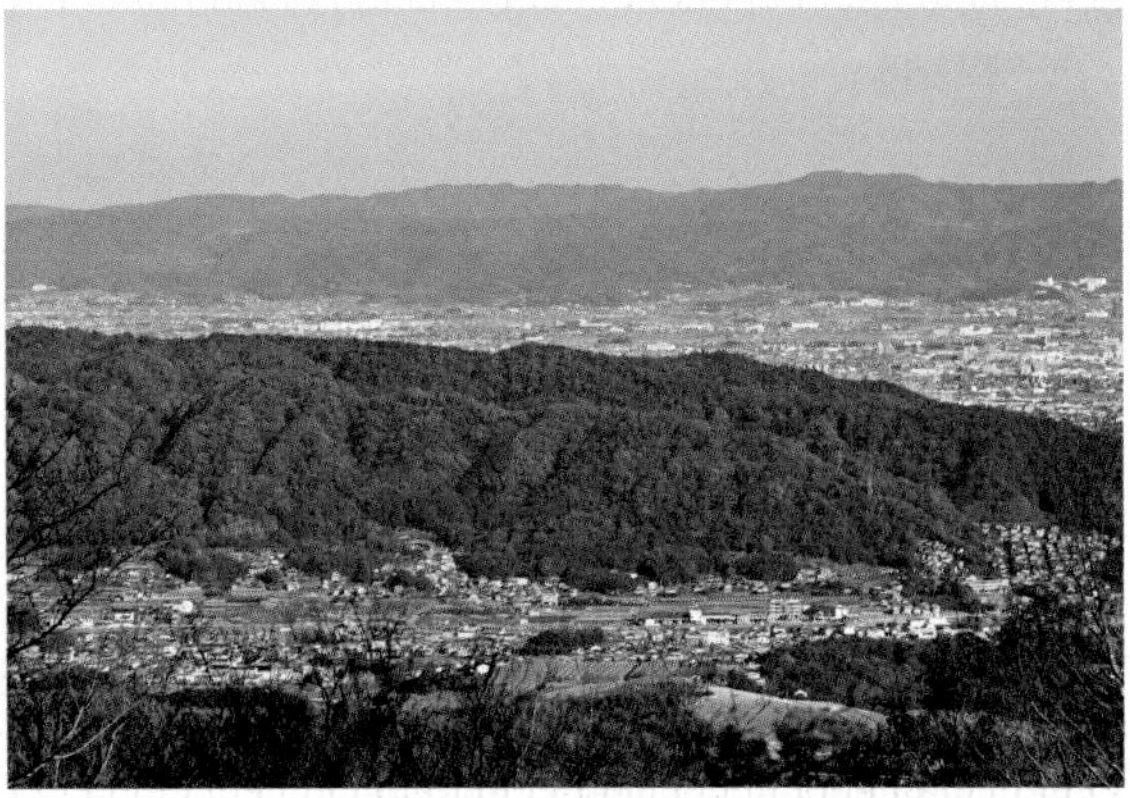

山頂付近からの光景。久秀が支配を目指した大和の地が広がる

登城口にある鳥居

聖徳太子が信貴山で初めて毘沙門天を感得したのが
寅年、寅の日、寅の刻とされ、寺内の各所に張り子の虎がある

真《さな》田《だ》丸《まる》

真田幸村と「大坂の陣」

大坂の陣の後、幸村の供養のために再建された心眼寺には400回忌（2014年）に墓碑が建立

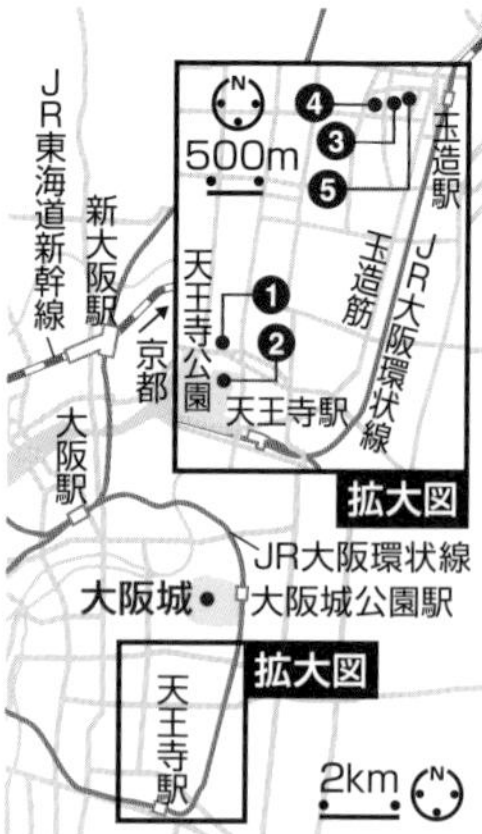

①安居神社
逢阪1丁目3-24
②茶臼山
茶臼山町1-108（天王寺公園内）
③心眼寺
餌差町2-22
④真田丸跡（顕彰碑）
餌差町5-44（大阪明星学園東側）
⑤三光神社
玉造本町14-90
※すべて大阪府大阪市
天王寺区に続く住所

◀JR新大阪駅

慶長5年（1600年）、真田信繁（幸村）は信濃国の上田合戦で、中山道から関ヶ原を目指す徳川秀忠（家康の三男で、後に2代将軍）を足止めにし、関ヶ原の戦いに遅参する失態を演じさせた。そのため関ヶ原後、幸村は高野山の麓で蟄居させられた。

それから14年。慶長19年（1614年）10月に豊臣、徳川激突の機運が高まると、幸村は秀吉の遺児・秀頼に求められ、蟄居の地を脱出して大坂城に入った。石原さんが話す。

「幸村は巨額の支度金を用意され、6000人の部隊を任され、大坂の陣ではその期待に相応しい軍才を発揮しました」

大坂城の西は海が迫り、北は淀川が流れ、東は湿地帯だが、南は平坦な地。そこを弱点と見た幸村が築いた出丸が真田丸だ。慶長19年の11月から12月にかけて起こった冬の陣の合戦のひとつ、真田丸の攻防戦では、真田隊が徳川の大軍を引き寄せて銃、弓矢などで攻撃して完勝した。

いったん和議が成立したが、翌年4月、夏の陣が勃発。冬の陣と同様に数で勝る徳川優勢で進み、決戦となる5月7日を迎える。真田隊は四天王寺南西の茶臼山に本陣を置き、一気に敵陣奥深くの徳川家康本陣を目指した。突撃は3回繰り返され、家康が自刃を覚悟するほど追い詰めた。だが、あと一歩及ばず、幸村は精根尽き果て、首を取られた。その後徳川方が態勢を立て直して城に殺到し、翌日秀頼、淀君（秀吉の側室で秀頼の母）らが自害して豊臣は滅びた。

「実は徳川はギリギリ勝ったのであり、違う歴史になっていた可能性も十分にあったのですね」

関ヶ原後も朝廷での家格は豊臣が徳川より上で、諸大名も秀頼を将来の関白と見ていた。関ヶ原の戦いは「豊臣政権下での主導権争い」に過ぎなかったと見ることもできる。一方、大坂の陣は武将の手紙など同時代の一次史料で「天下分け目」と書かれている。70歳を超えた家康が最前線に出たのはそのためだ。

だが、大坂の陣の後、豊臣色を消すために大坂の陣は矮小化され、関ヶ原が「天下分け目」とされた。そうした徳川史観は近年見直されつつあるが、庶民の間で幸村が大人気なのは江戸時代も今も変わらない。

「戦前『真田の抜け穴』と称されたものは大阪市内に10以上あり、地下道を通って城との間を行き来したとか、地下から神出鬼没して徳川方を惑わしたという伝承があるそうです。幸村人気を象徴する話ですね」

大坂城の周辺に残る幸村関連の史跡は「天下分け目の戦い」への想像をかき立ててくれる。

2021年5月撮影

標高26メートルの茶臼山は冬の陣で家康の、夏の陣で幸村の本陣が置かれた。橋の下の池は奈良時代末、和気清麻呂が開削した跡地とされる

三光神社にある「真田の抜け穴」と幸村の銅像（1987年建立）

真田丸の跡地は学校になり、その前に顕彰碑が設置されている

幸村が徳川方の足軽頭に首を取られたとされる場所の
近くにある安居神社の境内に石碑が建てられた（1919年）

いしはら・よしずみ
1962年神奈川県逗子市生まれ。
慶應義塾大学経済学部卒業。
82年、映画『凶弾』でデビュー。
以後、俳優としてテレビドラマ
『西部警察』シリーズや『太陽にほえろ!』、
NHK大河ドラマ『天地人』など出演作多数。
97年、気象予報士の資格を取得。
現在は『羽鳥慎一モーニングショー』(テレビ朝日系)
などの情報番組、『ザワつく!金曜日』(テレビ朝日系)
などのバラエティ番組でも活躍。
芸能界きってのダム好き、
鉄道好き、そして城好きとして知られる。

石原良純責任編集
東海道新幹線で行く　史跡めぐりの旅

2023年9月18日　初版第1刷発行

責任編集　石原良純
発行人　三井直也
発行所　株式会社小学館
〒101-8001　東京都千代田区一ツ橋2-3-1
電話　編集03-3230-5951
販売03-5281-3555

印刷　凸版印刷株式会社

製本　株式会社　若林製本工場

文　鈴木洋史
写真　太田真三
デザイン　前橋隆道　千賀由美
地図制作　地図屋もりそん
編集協力　酒井一郎
取材協力　東海旅客鉄道株式会社

　ISBN 978-4-09-389134-9